中国学术论著精品丛刊

先秦学术概论

吕思勉 著

中国书籍出版社

图书在版编目（CIP）数据

先秦学术概论 / 吕思勉著 . — 北京 : 中国书籍出版社 , 2020.3
（中国学术论著精品丛刊）
ISBN 978-7-5068-7641-4

Ⅰ . ①先… Ⅱ . ①吕… Ⅲ . ①先秦哲学—研究 Ⅳ . ① B220.5

中国版本图书馆 CIP 数据核字（2019）第 286103 号

先秦学术概论

吕思勉　著

责任编辑	卢安然
责任印制	孙马飞　马　芝
出版发行	中国书籍出版社
地　　址	北京市丰台区三路居路 97 号（邮编：100073）
电　　话	（010）52257143（总编室）（010）52257140（发行部）
电子邮箱	eo@chinabp.com.cn
经　　销	全国新华书店
印　　刷	三河市华东印刷有限公司
开　　本	650 毫米 ×940 毫米　1/16
字　　数	149 千字
印　　张	11
版　　次	2020 年 3 月第 1 版　2020 年 3 月第 1 次印刷
书　　号	ISBN 978-7-5068-7641-4
定　　价	36.00 元

版权所有　翻印必究

中国学术论著精品丛刊编委会

总 策 划：史仲文　王　平
主　　编：史仲文　张加才　郭扶庚
编　　委：（姓氏笔画为序）
　　　　　　马　勇　王文革　王向远　邓晓芒　王清淮　王德岩
　　　　　　王鸿博　何光沪　曲　辉　余三定　单　纯　邵　建
　　　　　　赵玉琦　赵建永　赵晓辉　夏可君　展　江　谢　泳
　　　　　　解玺璋　廖　奔　颜吾芟　檀作文　魏常海
常务编委：王德岩　王鸿博　曲　辉　赵玉琦　赵晓辉
秘 书 长：曲　辉　颜吾芟

引　言

　　《先秦学术概论》出于著名历史学家吕思勉先生之手，是了解先秦学术的必读之书。

　　本书总论部分第一章《先秦学术之重要》，即开宗明义指出先秦学术之价值，一在于"历代学术，纯为我所自创者，实止先秦之学耳"；二在于"我国民今日之思想，试默察之，盖无不有先秦学术之成分，在其中者，其人或不自知，其不可诬也"。先秦学术是在农耕文明的血脉中自然生长、纯粹由我所自创的，最适宜于本文明，所以对本文明的影响也极其深远。直到今日，还以"百姓日用而不知"的方式对中国人的价值观、思维方式、审美倾向等方方面面起着巨大的作用。先秦学术为我国学术思想之本原，"欲知后世之学术思想者"，对于先秦学术"固不容不究心矣"。

　　本书尤其值得注意的有以下几点：

　　首先，特别着意于先秦学术产生的思想渊源和兴起时势，认为先秦各派异流同源。诸子都是在"晚周之世人人所同具之思想"——"古代之宗教及哲学"的基础上来解释和处置事物的；在诸子起源上强调都出于"王官之学"，承《汉书·艺文志》和章太炎等说，驳胡适的《诸子不出王官论》，并指出这和诸子思想都出于"救时之弊"

先秦学术概论

的观点并不矛盾，是乱世学术的传承者王官各本其所学、从各自的方法和角度提出的救世之方法，也就是说，诸子源出相同，目的也相同，不但同出于王官，其目的也都在于救时；在想要达到的境界上，诸子百家也"抗怀皇古"，"多同以为黄金世界"，"孔慕大同，老称郅治"，有一个共同的社会理想，这个理想有其上古的具体的社会历史根据在，并非纯粹出于空想。各派学说因此"异中有同""不离其宗"。

本书全面论述了"阴阳，儒，墨，名，法，道德，纵横，杂，农，小说，兵，医"，共十二家学说派别。在对每家的具体论述中，据《汉书·艺文志》，将每一家与一种官职对应起来，在详细叙述各家学术要旨、原审其本意的基础上，推源溯流，尤其注重各派学说之间渊源和内在逻辑的相通之处，勾连各派思想脉络，探究其间错综复杂之关系。

具体到各家思想中，如在"各当其位"说方面，指出道家"原与儒家相通"，也和法家"故治天下及国，在乎定分而已矣"之说有相通之处。因为道家"以身为家，以家为国，以国为天下。此四者异位同本。故圣人之事，广之则极宇宙，穷日月，约之则无出乎身者也"，也就是说，治身和治天下表面虽然不一样，其实"同本"，只要抓住这个本，那么从最简要切身处做起，即可达到天下大治。这个"本"就是"无为"，无为不是通常意义上的什么都不做，而是不刻意去做，每个人顺应性命自然，各处其位，天下自然郅治。但"世之不明此理者，每谓天下之治，有待人为。殊不知如是，则吾已出乎其位，出位即致乱之原。虽一时或见其利，而将来终受其弊"。这既本于道家思想，又本于上古社会历史的客观情况，极为精到。又如在具体方法上，指出道家和儒家都主张顺应物情、处中庸。而在如何达到名实相符的具体政治主张上，举公孙龙用名实相符的观点谈兼爱为例，释名家的方法与法家、墨家的义理相结合，指出"名家纵不必即出于墨，而名墨之学，关系极密，则无可疑矣"，因为"法家者流，出于理官"，而"名家者流，出于礼官"，理是"礼之所由行"，所以有相通之处，"无足异也"等。

其次，在思想方法上，指出诸子都遵循"大事不可知也，本诸小事以为推"的自然思想途径；学说的产生也都有学术累积蜕变的痕迹，"有新事物至，必本诸旧有之思想，以求解释之道，而谋处置之方"，所以虽假一人之说，"非仅恃一时一人之思虑所能逮"，未必全出于一人。而且，先秦诸子大都不自著书，存书多由后学弟子等纂辑而成，所以"某子之标题，本不过表明学派之词，不谓书即其人所著"，因此，通过考据书中的历史事实时间先后和文字风格，并不能完全断定著作的真伪，大略要其思想之精要，不可凿求其年代事迹，否则"尤易致误"。指出初读诸子所需要注意的方法，极具现实意义。

三、在治学风格上，体现出了史学大家的严谨和才识。要论甚高，然议论皆有所本；考据虽详，并未流于繁杂琐碎。博学慎辨，论证精到，既能发明大义，又能阐发微旨。行文风格传统稳健，见解却时令人耳目一新，论证中常引用时事，间或借用西方的概念。在详析各家之时，也着力辨别其主要著作、既有学术界论断等真伪。如论及老子之时，提出"或以《史记》楚人之言，遂断老子为南方

先秦学术概论

之学"是"大非",因为"姑无论苦县本非楚地;即谓老子为楚人,而其所学,为托诸黄帝之学,其必为北方之学可知",和蔡元培《中国伦理学史》中的南北之论颇有不同。又如论及道家与儒家的先后问题时,反对《汉书·艺文志》将道家放在儒家之下,认为道家是诸家纲领,所以分论诸家时,以道家为首。书中还有许多探索性论述,被后来的考古发现确证,如近人多认为现存的《尉缭子》和《六韬》是伪书,作者却认为"此书义精文古,决非后人所能伪为"。20世纪70年代,山东临沂银雀山汉墓出土了这两本书的残简,证明了作者论断的准确。

四、在论及各学派的思想时,有许多极其精到的见解。如总论道家"世惟不名一长者,乃能兼采众长;亦惟不胶一事者,乃能处理众事。故欲求用人,必先无我",一语概括了道家的无为、养生、治世之本;谈及老庄差别言"老子之主清虚,主卑弱,仍系为应事起见,所谈者多处世之术;庄周则意在破执,专谈玄理,故曰其学想似而不同",一针见血;谈及儒家"孔子所谓天,即真理之谓。笃信真理而确守之,尽吾之力而行之;其成与不,则听诸天命焉",要之于孔子思想,了解极为通透,其着眼用心之高卓处,远超皓首穷经之徒。又如"已陈旧之道德,古今中外之社会,殆无不执之以致祸者","凡为国家社会之害者,非把持则侥幸之徒"等精警之语,所在多有。

当然,《先秦学术概论》也未尝没有可以商榷之处。如作者认为"道家之所攻击者,全在社会组织之不合理,而不在物质之进步","人心之险恶,既因社会组织之堕落而然,非因物质文明之进步而至",也就是说,作者认为道家的本意是社会组织的堕落和物质文明的演

引 言

进没有任何关系,那些认为道家要毁弃物质文明,或者认为道家要闭塞人民知识的,都是"全失道家之意者"。这种观点由何而产生,是否贴合道家原意,亦颇可研究。

吕思勉先生与陈寅恪、陈垣、钱穆四人,被推崇为现代史学四大家,毕生勤读精思,致力于国学,通过《先秦学术概论》这本书中超卓的见解和精到的语言,略可窥其用力之勤,气度之广。该书对于有意于先秦学术,或者有意于中国学术史的学人,都是一本值得精读细思、不容忽略的重要著作。不过,由于该书成书于民国时期,其行文半文半白,对于当代普通读者,阅读起来可能略显艰涩;而且,由于该书于先秦诸子间的相通处用力较多,那些对先秦诸子略有基础的读者,可能更易领会书中的一些精妙之处。当然,若以此书为了解先秦学术的入门之书,则只要稍加勤力,也绝无问题。

宋颖

2019年12月

目 录
CONTENTS

上编　总论
第一章　先秦学术之重要 ·· 3
第二章　先秦学术之渊源 ·· 5
第三章　先秦学术兴起时之时势 ································ 10
第四章　先秦学术之源流及其派别 ···························· 15
第五章　研究先秦诸子之法 ······································ 19

下编　分论
第一章　道　家 ·· 25
　第一节　总　论 ·· 25
　第二节　老　子 ·· 28
　第三节　庄　子 ·· 36
　第四节　列　子 ·· 43
　第五节　杨　朱 ·· 45
　第六节　管子　鹖冠子 ·· 50

· 1 ·

第七节　其余诸家 …………………………… 52
第二章　儒　家 ………………………………… 54
　　第一节　总　论 …………………………… 54
　　第二节　孔　子 …………………………… 55
　　附录一　六艺 ……………………………… 63
　　附录二　经传说记 ………………………… 70
　　第三节　曾　子 …………………………… 78
　　第四节　孟　子 …………………………… 81
　　第五节　荀　子 …………………………… 86
第三章　法　家 ………………………………… 93
第四章　名　家 ………………………………… 103
第五章　墨　家 ………………………………… 120
第六章　纵横家 ………………………………… 131
第七章　兵　家 ………………………………… 135
第八章　农　家 ………………………………… 140
第九章　阴阳数术 ……………………………… 144
第十章　方　技 ………………………………… 149
　　附录三 ……………………………………… 152
　　附录四 ……………………………………… 155
第十一章　小说家 ……………………………… 158
第十二章　杂　家 ……………………………… 160

上编 总论

第一章　先秦学术之重要

吾国学术，大略可分七期：先秦之世，诸子百家之学，一也。两汉之儒学，二也。魏、晋以后之玄学，三也。南北朝、隋、唐之佛学，四也。宋、明之理学，五也。清代之汉学，六也。现今所谓新学，七也。七者之中，两汉、魏、晋，不过承袭古人；佛学受诸印度；理学家虽辟佛，实于佛学入之甚深；清代汉学，考证之法甚精，而于主义无所创辟[①]；最近新说，则又受诸欧美者也。历代学术，纯为我所自创者，实止先秦之学耳。

然则我国民自汉以降，能力不逮古人邪？曰：不然。学术本天下公器，各国之民，因其处境之异，而所发明者各有不同，势也。交通梗塞之世，彼此不能相资，此乃无可如何之事。既已互相灌输，自可借资于人以为用。此非不能自创，乃不必自创也。譬之罗盘针、印刷术、火药，欧人皆受之于我。今日一切机械，则我皆取之于彼。设使中、欧交通，迄今闭塞，岂必彼于罗盘针、印刷术、火药，不能发明；我于蒸气、电力等，亦终不能创造邪？学术之或取于人，或由自造，亦若是则已矣。

[①] 梁任公谓清代学术，为方法运动，非主义运动，其说是也。见所撰《清代学术概论》。

先秦学术概论

众生所造业力，皆转相熏习，永不唐捐。故凡一种学术，既已深入人心，则阅时虽久，而其影响仍在。先秦诸子之学，非至晚周之世，乃突焉兴起者也。其在前此，旁薄郁积，蓄之者既已久矣。至此又遭遇时势，乃如水焉，众派争流；如卉焉，奇花怒放耳。积之久，泄之烈者，其力必伟，而影响于人必深。我国民今日之思想，试默察之，盖无不有先秦学术之成分在其中者，其人或不自知，其事不可诬也。不知本原者，必不能知支流。欲知后世之学术思想者，先秦诸子之学，固不容不究心矣。

第二章　先秦学术之渊源

凡事必合因缘二者而成。因如种子，缘如雨露。无种子，固无嘉谷；无雨露，虽有种子，嘉谷亦不能生也。先秦诸子之学，当以前此之宗教及哲学思想为其因，东周以后之社会情势为其缘。今先论古代之宗教及哲学思想。

邃初之民，必笃于教。而宗教之程度，亦自有其高下之殊。初民睹人之生死寤寐，以为躯壳之外，必别有其精神存焉。又不知人与物之别，且不知生物与无生物之别也。以为一切物皆有其精神如人，乃从而祈之，报之，厌之，逐之，是为拜物之教。八蜡之祭，迎猫迎虎，且及于坊与水庸[①]，盖其遗迹。此时代之思想，程度甚低，影响于学术者盖少。惟其遗迹，迄今未能尽去；而其思想，亦或存于愚夫愚妇之心耳。

稍进，则为崇拜祖先。盖古代社会，抟结之范围甚隘。生活所资，惟是一族之人，互相依赖。立身之道，以及智识技艺，亦惟恃族中长老，为之牖启。故与并世之人，关系多疏，而报本追远之情转切。一切丰功伟绩，皆以传诸本族先世之酋豪。而其人遂若介乎神与人

---

① 《礼记·郊特牲》。

之间。以情谊论，先世之酋豪，固应保佑我；以能力论，先世之酋豪，亦必能保佑我矣。凡氏族社会，必有其所崇拜之祖先，以此。我国民尊祖之念，及其崇古之情，其根荄，实皆植于此时者也。

人类之初，仅能取天然之物以自养而已。① 稍进，乃能从事于农牧。农牧之世，资生之物，咸出于地，而其丰歉，则悬系于天。故天文之智识，此时大形进步；而天象之崇拜，亦随之而盛焉。自物魅进至于人鬼，更进而至于天神地祇，盖宗教演进自然之序。而封建之世，自天子、诸侯、卿大夫、士，至于庶民、奴婢，各有等级，各有职司。于是本诸社会之等差，悬拟神灵之组织，而神亦判其尊卑，分其职守焉。我国宗教之演进，大略如此。

徒有崇拜之对象，而无理论以统驭之，解释之，不足以言学问也。人者，理智之动物，初虽蒙昧，积久则渐进于开明。故宗教进步，而哲学乃随之而起。哲学家之所论，在今日，可分为两大端：曰宇宙论，曰认识论。认识论必研求稍久，乃能发生。古人之所殚心，则皆今所谓宇宙论也。

宇果有际乎？宙果有初乎？此非人之所能知也。今之哲学家，于此，已置诸不论不议之列。然此非古人所知也。万物生于宇宙之中，我亦万物之一，明乎宇宙及万物，则我之所以为我者，自无不明；而我之所以处我者，亦自无不当矣。古人之殚心于宇宙论，盖以此也。

大事不可知也，则本诸小事以为推。此思想自然之途径，亦古人所莫能外也。古之人，见人之生，必由男女之合；而鸟亦有雌雄，

---

① 所谓搜集及渔猎之世也，见第三章。

兽亦有牝牡也，则以为天地之生万物，亦若是则已矣。故曰："天神引出万物，地祇提出万物"①；又曰"万物本乎天，人本乎祖"②也。

哲学之职，在能解释一切现象，若或可通，或不可通，则其说无以自立矣。日月之代明，水火之相克，此皆足以坚古人阴阳二元之信念者也。顾时则有四，何以释之？于是有"太极生两仪，两仪生四象"③之说。日生于东而没于西，气燠于南而寒于北，于是以四时配四方。四方合中央而为五；益之以上方则为六；又益四隅于四正，则为八方；合中央于八方，则成九宫。伏羲所画八卦，初盖以为分主八方之神；其在中央者，则下行九宫之太乙也。④至于虞夏之间，乃又有所谓五行之说。⑤五行者，一曰水，二曰火，三曰木，四曰金，五曰土。此盖民用最切之物⑥，宗教家乃按其性质，而分布之于五方。思想幼稚之世，以为凡事必皆有神焉以司之，而神亦皆有人格，于是有五帝六天之说。⑦五帝者：东方青帝灵威仰，主春生。南方赤帝赤熛怒，主夏长。西方白帝白招拒，主秋成。北方黑帝汁光纪，主冬藏。而中央黄帝含枢纽，寄王四季，不名时。以四时化育，皆须土也。

---

① 《说文解字》。
② 《礼记·郊特牲》。
③ 《易·系辞传》。
④ 《后汉书·张衡传》注引《乾凿度》郑注：太乙者，北辰神名也。下行八卦之宫。每四乃还于中央。中央者，地神之所居，故谓之九宫。天数大分，以阳出，以阴入。阳起于子，阴起于午，是以太乙下九宫，从坎宫始，自此而坤，而震，而巽，所行者半矣，还息于中央之宫。既又自此而乾，而兑，而艮，而离，行则周矣，上游息于太一之星，而反紫宫也。
⑤ 五行见《书·洪范》，乃箕子述夏法。
⑥ 《礼记·礼运》："用水，火，金，木，饮食，必时"，饮食即指土，《洪范》所谓"土爱稼穑"也。
⑦ 见《礼记·郊特牲正义》。

先秦学术概论

昊天上帝耀魄宝，居于北辰，无所事事。盖"卑者亲事"①，封建时代之思想则然；而以四时生育之功，悉归诸天神，则又农牧时代之思想也。四序代谢，则五帝亦各司其功，功成者退。故有五德终始之说。②地上之事，悉由天神统治；为天神之代表者，实惟人君；而古代家族思想甚重，以人拟天，乃有感生之说。③凡此，皆古代根于宗教之哲学也。

根据于宗教之哲学，虽亦自有其理，而其理究不甚圆也。思想益进，则合理之说益盛。虽非宗教所能封，而亦未敢显与宗教立异；且宗教之说，侗佪而不确实，本无不可附合也。于是新说与旧说，遂并合为一。思想幼稚之世，其见一物，则以为一物而已。稍进，乃知析物而求其质。于是有五行之说。此其思想，较以一物视一物者为有进矣。然物质何以分此五类，无确实之根据也。又进，乃以一切物悉为一种原质所成，而名此原质曰气。为调和旧说起见，乃谓气之凝集之疏密，为五种物质之成因。说五行之次者，所谓"水最微为一，火渐著为二，木形实为三，金体固为四，土质大为五"④也。既以原质之疏密，解释物之可见不可见，即可以是解释人之形体与精神。故曰："体魄则降，知气在上"⑤；又曰"众生必死，死必归土。骨肉毙于下，阴为野土，其气发扬于上为昭明"⑥也。夫如是，则恒人所谓有无，只是物之隐显；而物之隐显，只是其原质之聚散而已。

---

① 《白虎通义·五行》篇。
② 见下编第九章。
③ 见《诗·生民》疏引《五经异义》。
④ 《洪范正义》。
⑤ 《礼记·礼运》。知与哲通，哲、晰实亦一字，故知有光明之义。
⑥ 《礼记·祭义》。

故曰"精气为物，游魂为变"①也。既以是解释万物，亦可以是解释宇宙。故曰："有大易，有大初，有大始，有大素。大易者，未见气也。大初者，气之始也。大始者，形之始也。大素者，质之始也。气形质具而未相离，谓之浑沌"，及"轻清者上为天，重浊者下为地。冲和气者为人"②，而天地于是开辟焉。

然则此所谓气者，何以忽而凝集，忽而离散邪？此则非人所能知。人之所知者，止于其聚而散，散而聚，常动而不息而已。故说宇宙者穷于易，而《易》与《春秋》皆托始于元。③易即变动不居之谓，元则人所假定为动力之始者也。《易》曰："易不可见，则乾坤或几乎息矣。"④又曰："大哉乾元，万物资始，乃统天。"⑤盖谓此也。⑥

人之思想，不能无所凭藉，有新事物至，必本诸旧有之思想，以求解释之道，而谋处置之方，势也。古代之宗教及哲学，为晚周之世人人所同具之思想。对于一切事物之解释及处置，必以是为之基，审矣。此诸子之学，所以虽各引一端，而异中有同，仍有不离其宗者在也。⑦

---

① 《易·系辞传》。
② 《周易正义·八论》引《乾凿度》。《列子·天瑞》篇略同。《列子》，魏、晋人所为，盖取诸《易纬》者也。
③ 参看下编第二章第二节。
④ 《系辞传》。
⑤ 《乾彖辞》。
⑥ 老子曰："有物混成，先天地生。寂兮寥兮，独立而不改，周行而不殆，可以为天下母。吾不知其名，字之曰道，强为之名曰大。"亦指此动力言也。
⑦ 昔在苏州讲学，尝撰《论读子之法》一篇，以示诸生。今节录一段于下，以备参考。原文曰：古代哲学，最尊崇自然力。既尊崇自然力，则只有随顺，不能抵抗。故道家最贵无为。无为非无所事事之谓，谓因任自然，不参私意云耳。然则道家所谓无为，即儒家"为高必因丘陵，为下必因川泽"之意；亦即法家绝圣弃知，专任度数之意也。自然之力，无时或息。其在儒家，则因此而得自强不息之义。道家之庄、列一派，则谓万物相刃相靡，其行如驰，

第三章　先秦学术兴起时之时势

今之谈哲学者，多好以先秦学术，与欧洲、印度古代之思想相比附。或又谓先秦诸子之学，皆切实际，重应用，与欧洲、印度空谈玄理者不同。二说孰是？曰：皆是也。人类思想发达之序，大致相同。欧洲、印度古代之思想，诚有与先秦诸子极相似者。处事必

"一受其成形，不亡以待尽"，因此而得委心任运之义焉。自然力之运行，古人以为如环无端，周而复始。其在道家，则因此而得祸福倚伏之义，故贵知白守黑，知雄守雌。其在儒家，则因此而得穷变通久之义，故致谨于治制之因革损益。其在法家，则因此而得"古今异俗，新故异备"之义，而商君等以之主张变法焉。万物虽殊，然既为同一原质所成，则其本自一。若干原质，凝集而成物，必有其所以然，是之谓命；自物言之则曰性。性命者物所受诸自然者也。自然力之运行，古人以为本有秩序，不相冲突。人能常守此定律，则天下可以大治。故言治贵反诸性命之情。故有反本正本之义。儒家言尽性可以尽物，道家言善养生者可以托天下，理实由此。抑春秋之义，正次王、王次春，言王者欲有所为，宜求其端于天；而法家言形名度数，皆原于道，亦由此也。万物既出于一，则形色虽殊，原理不异。故老贵抱一，孔贵中庸。抑宇宙现象，既变动不居，则所谓真理，只有变之一字耳。执一端以为中，将不转瞬而已失其中矣。故贵抱一而戒执一，贵得中而戒执中，抱一守中，又即贵虚贵无之旨也。然则一切现象，正惟相反，然后相成，故无是非善恶之可言，而物伦可齐也。夫道家主因任自然，而法家主整齐画一，似相反矣；然其整齐画一，乃正欲使天下皆遵守自然之律，而绝去私意，则法家之旨，与道家不相背也。儒家贵仁，而法家贱之。然其言曰："法之为道，前苦而长利；仁之为道，偷乐而后穷。"则其所攻者，乃姑息之爱，非儒家所谓仁也。儒家重文学，而法家列之五蠹。然其言曰："糟糠不饱者，不务粱肉；短褐不完者，不待文绣。"则亦取救一时之急耳。秦有天下，遂行商君之政而不改。非法家本意也。则法家之与儒家，又不相背也。举此数端，余可类推。要之古代哲学之根本大义，仍贯通乎诸子之中。有时其言似相反者，则以其所论之事不同，史谈所谓"所从言之者异"耳。故《汉志》譬诸水火，相灭亦相生也。

根诸理，不明先秦诸子之哲学，其处事之法，亦终无由而明；而事以参证而益明。以欧洲、印度古说，与先秦诸子相较，诚不易之法也，然诸子缘起，旧有二说：一谓皆王官之一守，一谓起于救时之弊。①二说无论孰是，抑可并存，要之皆于实际应用之方，大有关系。今读诸子书，论实际问题之语，诚较空谈玄理者为多，又众所共见也。故不明先秦时代政治及社会之情形，亦断不能明先秦诸子之学也。

先秦诸子之思想，有与后世异者。后世政治问题与社会问题分，先秦之世，则政治问题与社会问题合。盖在后世，疆域广大，人民众多，一切问题，皆极复杂。国家设制之机关，既已疏阔；人民愚智之程度，又甚不齐。所谓治天下者，则与天下安而已。欲悬一至善之鹄，而悉力以赴之，必求造乎其极，而后可为无憾，虽极弘毅之政治家，不敢作是想也。先秦诸子则不然。去小国寡民之世未远，即大国地兼数圻，亦不过今一两省，而其菁华之地，犹不及此。秦之取巴蜀，虽有益于富厚，其政治恐尚仅羁縻。②楚之有湖南、江西，则如中国今日之有蒙、新、海、藏耳。而其民风之淳朴，又远非后世之比。夫国小民寡，则情形易于周知，而定改革之方较易。风气淳朴，则民皆听从其上，国是既定，举而措之不难。但患无临朝愿治之主，相助为理之臣。苟其有之，而目的终不得达；且因此转滋他弊，如后世王安石之所遭者，古人不患此也。职是故，先秦诸子之言治者，大抵欲举社会而彻底改造之，使如吾意之所期。"治天下不如安天下，安天下不如与天下安"等思想，乃古人所无有也。

---

① 见下章。
② 读《后汉书·板楯蛮传》可见。

先秦学术概论

　　然则先秦诸子之所欲至者,果何等境界邪?孔慕大同,老称郅治,似近子虚之论,乌托之邦。然诸子百家,抗怀皇古,多同以为黄金世界,岂不谋而同辞诞谩耶?孔子之告子游曰:"大道之行也,与三代之英,丘未之逮也,而有志焉。"郑注曰:"志,谓识,古文。"①此即《庄子》"《春秋》经世,先王之志"之志。孔子论小康,举禹、汤、文、武、成王、周公为六君子,皆实有其人,其治迹,亦皆布在方策;其论大同之世,安得悉为理想之谈。然则孔慕大同,老称郅治,以及许行论治,欲并仓廪府库而去之,殆皆有所根据,而后悬以为鹄;不徒非诞谩之辞,并非理想之谈也。

　　孔、老大同郅治之说,以及许行并耕而食之言,自今日观之,似皆万无可致之理。然在当日,则固不然。此非略知社会之变迁者不能明,请得而略陈之。盖人类之初,制驭天然之力极弱。生活所需,则成群结队,到处寻觅,见可供食用之物,则拾取之而已矣。此为社会学家所称搜集之世。稍进,乃能渔于水,猎于山。制驭天然之力稍强,而其生活犹极贫窘。必也进于农牧,乃无饥饿之忧。农牧之兴,大抵视乎其地,草原之民,多事畜牧;林麓川泽之地,则多事农耕。吾国开化之迹,稍有可征者,盖在巢、燧、羲、农。巢、燧事迹,略见《韩非》。②其为渔猎时代之酋长,不待言而可明。伏羲,昔多以为游牧之主,盖因伏又作庖,羲又作牺,乃有此望文生义之误解。其实伏羲乃"下伏而化之"之意,明见《尚书大传》。其事迹,

---

①　"谓识"一读。此以识字诂志字;次乃更明其物,谓孔子所谓志者,乃指古文言之也。古文,犹言古书,东汉人语如此。

②　见《五蠹》。

· 12 ·

则《易·系辞传》明言其为网罟而事畋渔，其为渔猎时代之大酋，尤显而易见。《传》又言："包牺氏没，神农氏作。"吾族盖于此时进于农耕。而黄帝，《史记》言其"迁徙往来无常处，以师兵为营卫"[①]，似为游牧之族。凡农耕之族，多好和平；游牧之群，则乐战伐。以此，阪泉、涿鹿之师，炎族遂为黄族所弱。[②]农耕之民，性多重滞。《老子》言"郅治之极，邻国相望，鸡犬之声相闻，民各甘其食，美其服，安其俗，乐其业，至老死不相往来"[③]。盖在此时。此等社会，大抵自给自足。只有协力以对物，更无因物以相争。故其内部极为安和，对外亦能讲信修睦。孔子所谓大同之世，亦指此时代言之也。黄帝之族，虽以武力击而臣之，于其社会之组织，盖未尝加以改变，且能修而明之。所异者，多一征服之族，踞于其上，役人以自养；而其对外，亦不复能如前此之平和。又前此荡荡平平之伦理，一变而为君臣上下，等级分明之伦理耳。所谓"大人世及以为礼；城郭沟池以为固；礼义以为纪，以正君臣，以笃父子，以睦兄弟，以和夫妇……以贤勇知，以功为己；故谋用是作，而兵由此起"者也。然社会之组织，尚未大变，列国之竞争，亦未至甚烈；在上者亦不十分淫虐，则其民固尚可小安。是则所谓小康之世也。其后治人者荒淫日甚；社会之组织，亦因交通之便利，贸易之兴盛，而大起变化。于是前此良善之规制，

---

① 《五帝本纪》。

② 《史记·五帝本纪》，既言神农氏世衰，诸侯相侵伐，弗能征，又言炎帝欲侵陵诸侯，未免自相矛盾。颇疑《史记》此节，系采自两书，兼存异说。蚩尤、炎帝，即系一人；涿鹿、阪泉，亦系一事。即谓不然，而蚩尤、炎帝，同系姜姓，其为同族，则无疑矣。

③ 《史记·货殖列传》。

先秦学术概论

荡焉无存。变为一无秩序,无公理,无制裁,人人竞图自利之世界,遂自小康降为乱世矣。当此之时,老子、许行等,欲径挽后世之颓波,而还诸皇古。孔子则欲先修小康之治,以期驯致于大同。如墨子者,则又殚心当务之急,欲且去目前之弊,而徐议其他。宗旨虽各不同,而于社会及政治,皆欲大加改革,则无不同也。固非后世弥缝补苴,苟求一时之安者所可同年而语矣。①

---

① 古今社会组织之异,体段既大,头绪甚繁。略言之则不能明;太详,则本书为篇幅所限,未免喧宾夺主。予别有《大同释义》一书,论古代社会组织之变迁,可供参考。

第四章　先秦学术之源流及其派别

先秦诸子之学，《太史公自序》载其父谈之说，分为阴阳、儒、墨、名、法、道德六家。《汉书·艺文志》益以纵横、杂、农、小说，是为诸子十家。其中去小说家，谓之九流。①《艺文志》本于《七略》。《七略》始六艺，实即儒家。所以别为一略者，以是时儒学专行。汉代古文学家，又谓儒家之学，为羲、农、尧、舜、禹、汤、文、武、周公相传之道，而非孔子所独有故耳，不足凭也。②诸子略外，又有兵书、数术、方技三略。③兵书与诸子，实堪并列。数术亦与阴阳家相出入，所以别为一略，盖以校书者异其人。至方技，则一医家之学耳。故论先秦学术，实可分为阴阳、儒、墨、名、法、道德、纵横、杂、农、小说、兵、医十二家也。④

---

①《汉志》曰："诸子十家，其可观者，九家而已。"《后汉书·张衡传》：上疏曰："刘向父子，领校秘书，阅定九流。"注："九流，谓儒家、道家、阴阳家、法家、名家、墨家、纵横家、农家、杂家。"刘子《九流》篇所举亦同。

② 参看下编第二章第二节。

③《辑略》为诸书总要。

④ 先秦学术派别，散见古书中者尚多。其言之较详者，则《庄子》之《天下》篇，《荀子》之《非十二子》篇是也。近人或据此等，以疑《史》《汉》之说，似非。案《天下》篇所列举者，凡得六派：（一）墨翟、禽滑釐，（二）宋钘、尹文，（三）彭蒙、田骈、慎到，（四）关尹、老聃，（五）庄周，（六）惠施、桓团、公孙龙是也。《非十二子》篇，亦分六派：（一）它嚣、魏牟，（二）陈仲、史䲡，（三）墨翟、宋钘，（四）慎到、

诸家之学，《汉志》谓皆出王官；《淮南要略》则以为起于救时之弊，盖一言其因，一言其缘也。近人胡适之，著《诸子不出王官论》，力诋《汉志》之诬。殊不知先秦诸子之学，极为精深，果其起自东周，数百年间，何能发达至此？且诸子书之思想文义，皆显分古近，决非一时间物，夫固开卷可见也。章太炎谓"九流皆出王官，及其发舒，王官所弗能与；官人守要，而九流究宣其义"。其说实最持平。《荀子》云："父子相传，以持王公，是故三代虽亡，治法犹存，是官人百吏之所以取禄秩也。"①此即所谓守要。究宣其义者，遭直世变，本其所学，以求其病原，拟立方剂。见闻既较前人为恢廓，心思自较前人为发皇。故其所据之原理虽同，而其旁通发挥，则非前人所能望见也。此犹今日言社会主义者，盛极一时。谓其原于欧洲之圣西门、马克思，固可；谓由中国今日，机械之用益弘，劳资之分稍显，国人因而注意及此，亦无不可也。由前则《汉志》之说，由后则《淮南》之说也。不惟本不相背，亦且相得益彰矣。

抑诸子之学，所以必出于王官者，尚有其一因焉。古代社会，

田骈，（五）惠施、邓析，（六）子思、孟轲是也。同一墨翟、宋钘也，荀子合为一派，庄子析为两派，果何所折衷邪？儒墨并为当时显学，荀子仅举思孟，已非其朔；《韩诗外传》载此文，则止十子，并无思孟；《天下》篇亦不及儒，能无遗漏之讥邪？盖此等或就一时议论所及，或则但举当时著名人物言之，初非通观前后，综论学派之说也。

① 《荣辱》篇。儒家通三统之说。所以欲封二王之后以大国，以此。参看下编第二章第二节。观此，可知胡君谓古代王官，定无学术可言之误。胡君又谓诸子之学，果与王官并世，亦必不为所容。而为所焚坑。引欧洲中世教会，焚杀哲人，焚毁科学哲学之书为证。不知中西史事，异者多矣。欧洲中世教会之昏暴，安见我国古代，必与相符。况欧洲摧残异学者为教会，班志所称为王官，其事渺不相涉邪？古代明堂辟雍，合居一处。所谓大学，实为宗教之府。读下编附录一可知。故以古代学校，拟欧洲中世之教会，犹有相似之处，若他官则渺不相涉矣。然古代学校，固亦无焚杀哲人，焚毁异学之事。史事非刻板者，虽大致可相印证，固不能事事相符也。

· 16 ·

等级森严。平民胼手胝足,以给公上,谋口实之不暇,安有余闲,从事学问?即有天才特出者,不假传授,自有发明。然既乏师友之切磋,复鲜旧闻为凭藉;穴隙之明,所得亦仅,安足语于学术?即谓足厕学术之林而无愧,然伏处陇亩之中,莫或为之传播;一再传后,流风余韵,亦渐即消沉矣。①贵族则四体不勤,行有余力。身居当路,经验饶多。父祖相传,守之以世。子产有言:"其用物也弘矣!其取精也多矣!"其所发明,非仅恃一时一人之思虑者所能逮,固无足怪。春秋以降,弑君三十六,亡国五十二,诸侯奔走,不得保其社稷者,不可胜数。乡之父子相传,以持王公取禄秩者,至此盖多降为平民,而在官之学,遂一变而为私家之学矣。世变既亟,贤君良相,竞求才智以自辅;仁人君子,思行道术以救世;下焉者,亦思说人主,出其金玉锦绣,取卿相之尊。社会之组织既变,平民之能从事于学问者亦日多,而诸子百家,遂如云蒸霞蔚矣。孔子弟子三千,身通六艺者七十有二。孟子后车数十乘,从者数百人。杨朱、墨翟之言,亦盈天下。教育学术,皆自官守移于私家。世运之迁流,虽有大力,莫之能逆。秦皇乃燔诗书,禁私学;令民欲学法令,以吏为师;欲尽复西周以前,政教合一之旧,无怪其卒不能行也。

《汉志》谓九流之学,"各引一端,崇其所善,譬犹火,相灭亦相生也"。此说最通。学术思想,恒由浑而之画。古代哲学,侘佣而不分家,盖由研究尚未精密之故。东周以降,社会情形,日益复杂;人类之思想,遂随之而日益发皇。各方面皆有研究之人,其

---

① 古小说家言,出于平民,平民之所成就者,盖止于是。参看下编第十一章。

所发明，自非前人所逮矣。然崇其所善，遂忘他方面之重要，则亦有弊。而苟非高瞻远瞩之士，往往不免囿于一偏。诸子之学，后来所以互相攻击者以此。此殆不甚弘通之士为之；始创一说之大师，或不如是。何者？智足创立一学，自能知其学之所安立。既自知其学之所安立，则亦知他家之学所安立。各有其安立之处所，自各有其所适用之范围。正犹夏葛冬裘，渴饮饥食，事虽殊而理则一，当相为用，不当互相排也。《庄子·天下》篇曰："古之人其备乎？……明于本数，系于末度，六通四辟，大小精粗，其运无乎不在。……天下大乱，贤圣不明，道德不一，天下多得一察[①]，焉以自好。譬如耳目鼻口，皆有所明，不能相通。……不该不偏，一曲之士也。……是故内圣外王之道，暗而不明，郁而不发。天下之人各为其所欲[②]，焉以自为方。悲夫！百家往而不反，必不合矣。"即慨叹于诸子百家之各有所明，而亦各有所蔽也。学问之事，其当分工合力，一与他事同。惟分之而致其精，乃能合之而见其大。古代学术，正在分道扬镳之时，其不能不有所蔽，势也。后世则诸说并陈，正可交相为用。乃或犹不免自安于一曲，甚至于入主而出奴，则殊非学问之士所宜出矣。[③]

---

① 句绝。
② 句绝。
③ 参看下编第十二章。

第五章　研究先秦诸子之法

先秦诸子之学，近数十年来，研究者大盛。盖以民气发舒，统于一尊之见渐破，而瀛海大通，远西学术输入，诸子之书，又多足互相印证也。诸子之书，皆去今久远，非经校勘注释不能明。昔时留意于此者少。清代考证学盛，始焉借子以证经，继乃离经而治子。校勘训释，日益明备。自得西学相印证，义理之焕然复明者尤多。[①]治此学于今日，盖远非昔时之比矣。然今治诸子之学者，亦有所蔽，不可不知。予昔有《论读子之法》一篇，今特节录其文如下。

原文曰：读古书固宜严别真伪，诸子尤甚。然近人辨诸子真伪之术，吾实有不甚敢信者。近人所持之术，大要有二：（一）据书中事实立论，事有非本人所能言者，即断为伪。如胡适之摘《管子·小称》篇记管仲之死，又言及毛嫱、西施；《立政》篇辟寝兵兼爱之言，为难墨家之论是也。（二）则就文字立论。如梁任公以《老子》中有偏将军上将军之名，谓为战国人语；又或以文字体制之古近，而辨其书之真伪是也。予谓二法皆有可采，而亦皆不可专恃。何则？

[①] 如《墨子》之《经》《经说》《大小取》诸篇，昔几无人能读，今则可解者十七八，即由得欧西论理之学，以相参证也。

子为一家之学，与集为一人之书者不同。故读子者，不能以其忽作春秋时人语，忽为战国人之言，而疑其书之出于伪造。犹之读集者，不能以其忽祖儒家之言，忽述墨家之论，而疑其文非出于一人。先秦诸子，大抵不自著书。今其书之存者，大抵治其学者所为，而其纂辑，则更出于后之人。亡佚既多，辑其书者，又未必通其学。不过见讲此类学术之书，共有若干，即合而编之，而取此种学派中最有名之人，题之曰某子云耳。然则某子之标题，本不过表明学派之词，不谓书即其人所著。与集部书之标题为某某集者，大不相同。书中记及其人身后之事，及其文词之古近错出，固不足怪。至于诸子书所记事实，多有讹误，此似诚有可疑。然古人学术，多由口耳相传，无有书籍，本易讹误；而其传之也，又重其义而轻其事。如胡适之所摘庄子见鲁哀公，自为必无之事。然古人传此，则但取其足以明义；往见者果为庄子与否，所见者果为鲁哀公与否，皆在所不问。岂惟不问，盖有因往见及所见之人，不如庄子及鲁哀公之著名，而易为庄子与鲁哀公者矣。然此尚实有其事。至如孔子见盗跖等，则可断定并其事而无之。不过作者胸中有此一段议论，乃托之孔子、盗跖耳。此则所谓寓言也。此等处，若据之以谈史实，自易谬误。然在当时，固人人知为寓言。故诸子书中所记事实，乖谬者十有七八，而后人于其书，仍皆信而传之。胡适之概断为当时之人，为求利而伪造，又讥购求者之不能别白，亦未必然也。说事如此，行文亦然。今所传五千言，设使果出老子，则其书中偏将军上将军，或本作春秋以前官名，而传者乃以战国时之名易之，此如今译书者，于书中外国名物，易之以中国名物耳，虽不免失真，固与伪造有别也。又古人之传一书，有但传其意者，有兼传其词者。兼传其词者，则其学本有口诀可诵，师以是传之徒，徒又以是传之其徒，如今瞽人业算命者，以命理之书，口授其徒然。此等可传之千百年，词句仍无大变。但传其意者，则如今教师之讲授，听者但求明其意即止，迨其传之其徒，则出以自己之言。如是三四传后，其说虽古，其词则新矣。故文字气体之古近，亦不能以别其书之古近也，而况于判其真伪乎？明于此，则知诸子之年代事迹，虽可知其大略，而亦不容凿求。若更据诸子中之记事，以谈古史，则尤易致误矣。诸子中之记事，十之七八为寓言；即或实有其事，人名地名及年代等，亦多不可据；彼其意，固亦当作寓言用也。据此以考事实，苟非十分谨慎，必将治丝益棼。今人考诸子年代事迹者，多即以诸子所记之事为据。既据此假定诸子年代事迹，乃更持以判别诸子书之信否焉，其可信乎？一言蔽之，总由不知子与集之异，太重视用作标题之人而已。

以上皆《论读子之法》原文。此外尚有一事宜知者，曰："先秦之学纯，而后世之学驳。凡先秦之学，皆后世所谓专门[①]；而后世所谓通学，则先秦无之也。"此何以故？曰：凡学皆各有所明，故亦各有其用。因人之性质而有所偏主，固势不能无。即入主出奴，亦事所恒有。然此必深奥难明之理，介于两可之间者为然。若他家之学，明明适用于某时某地，证据确凿者，则即门户之见极深之士，亦不能作一笔抹杀之谈。此群言淆乱，所以虽事不能免，而是非卒亦未尝无准也。惟此亦必各种学问，并行于世者已久，治学之士，

---

① 此谓专守一家之说，与今所谓专治一科之学者异义。

先秦学术概论

于各种学问,皆能有所见闻而后可。若学问尚未广布,欲从事于学者,非事一师,即无由得之;而所谓师者,大抵专主一家之说,则为之弟子者,自亦趋于暖姝矣。先秦之世,学术盖尚未广布,故治学者,大抵专主一家。墨守之风既成,则即有兼治数家者,亦必取其一而弃其余。墨子学于孔子而不说,遂明目张胆而非儒;陈相见许行而大说,则尽弃其所受诸陈良之学,皆是物也。此杂家所以仅兼采众说,而遂足自成为一家也。①

职是故,治先秦之学者,可分家而不可分人。何则?先秦诸子,大抵不自著书;凡所纂辑,率皆出于后之人。②欲从其书中,搜寻某一人所独有之说,几于无从措手;而一家之学,则其言大抵从同。故欲分别其说属于某人甚难,而欲分别其说属于某家则甚易。此在汉世,经师之谨守家法者尚然。清代诸儒,搜辑已佚之经说,大抵恃此也。③故治先秦之学者,无从分人,而亦不必分人。兹编分论,均以家为主。一书所述,有兼及两家者,即分隶两家之下④,诸子事迹,但述其可信者;转于其书之源流真伪,详加考证焉,亦事所宜然也。

---

① 以当时诸家皆不能兼采也。若在后世,则杂家遍天下矣。
② 张孟劬尝以佛家之结集譬之。
③ 试读陈氏父子之《三家诗遗说考》《今文尚书经说考》,即可见之。
④ 如《墨子》中论名学者,即归入名家之中。

下编 分论

第一章 道　家

第一节　总　论

道家之学，《汉志》云："出于史官，历记成败存亡祸福古今之道，然后知秉要执本，清虚以自守，卑弱以自持，此君人南面之术也。""清虚以自守，卑弱以自持"，实为道家最要之义。《礼记·学记》曰："君子如欲化民成俗，其必由学乎？"又曰："古之王者，建国君民，教学为先。"其所言者，为君人南面之学可知。而其下文云："学无当于五官，五官弗得不治。"又曰："君子大德不官，大道不器。"此即"清虚以自守"之注脚。世惟不名一长者，乃能兼采众长；亦惟不胶一事者，乃能处理众事。故欲求用人，必先无我。司马谈称道家之善曰："因阴阳之大顺，采儒墨之善，撮名法之要，与时迁移，应物变化。"又曰："其术以虚无为本，以因循为用。无成势，无常形，故能究万物之情。不为物先，不为物后，故能为万物主。有法无法，因时为业。有度无度，因物与合。故曰：圣人不朽，时变是守。"盖谓此也。至于卑弱以自持，则因古人认宇宙之动力为循环之故。《老子》曰："有物混成，先天地生。寂兮寥兮，独立而不改，周行而不殆，可以为天下母。吾不知其名，字之曰道。强为之名曰大。大曰逝，逝曰远，远曰反。"此言宇宙之本，惟是动力，而其动之方向为循环也。惟自然力之方向为循环，故凡事无不走回头路者，而盛强绝不足恃。故曰"反者道之动"，又曰"夫物芸芸，各复归其根"，又曰"万物并作，吾以观其复"也。夫如是，故有祸福倚伏之义。故贵知白守黑，知雄守雌。此盖观众事而得其会通，而知柔弱者可以久存，刚强者终必挫折，遂乃立为公例。所谓历记成败存亡祸福者也。内"清虚以自守"，外"卑弱以自持"，"君人南面之术"，尽于此矣。此《汉志》所谓"秉要执本"者也。

《史记·老子韩非列传》云："老子，周守藏室之史也。"《索隐》云："藏室史，乃周藏书室之史也。"又《张苍传》："老子为柱下史，盖即藏室之柱下，因以为官名。"又《张丞相列传》："秦时为御史，主柱下方书。"《集解》："如淳曰：方，版也，谓书事在版上者也。秦以上置柱下史，苍为御史，主其事。"《索隐》："周、秦皆有柱下史，谓御史也。所掌及侍立恒在殿柱之下。故老子为周柱下史。今在秦代亦居斯职。"案《汉书·百官公卿表》："御史大夫，秦官，掌副丞相。有两丞，一曰中丞，在殿中兰台，掌图籍秘书。"如《索隐》言，藏室柱下为一官，实即御史，则老子所居，似即中丞之职。然此语殊难定。《史记·萧相国世家》云："沛公至咸阳，诸将皆争走金帛财物之府分之，何独先入收秦丞相御史律令图书藏之。""汉王所以具知天下厄塞，户口多少，强弱之处，民所疾苦者，以何具得秦图书也。"此图书，即《汉表》所谓图籍，指地图户籍言。盖何之所收止是，其所谓秘书者，则委而去之矣。然《汉志》所谓历记成败存亡祸福古今之道者，实当在秘书之中也。窃疑藏室所藏，正是此物。所谓道德五千言者，实藏室中之故书，而老子著之竹帛者耳。^① 今姑弗论此，而道家出于史官之说，则信而有征矣。丞相掌丞天子助理万机，而御史大夫，掌副丞相，皆总揽全局，与他官之专司一事者不同。其能明于君人南面之术，固其所也。

职是故，道家之学，实为诸家之纲领。诸家皆专明一节之用，道家则总揽其全。诸家皆其用，而道家则其体。《汉志》抑之儒家之下，非也。今分论诸家，以道家为首。

---

① 参看下节。

先秦学术概论

第二节　老　子

　　道家之书，传于今者，以《老子》为最古。《汉志》所著录者，有《黄帝四经》《黄帝铭》《黄帝君臣》《杂黄帝》《力牧[①]》《伊尹》《辛甲[②]》《周训》《太公》《鬻子》，皆在《老子》前。然多出于依托。今《列子·天瑞》篇引《黄帝书》二条，黄帝之言一条，《力命》篇亦引《黄帝书》一条。《天瑞》篇所引，有一条与《老子》书同，余亦极相类。今《老子》书辞义甚古[③]；又全书之义，女权皆优于男权，俱足征其时代之早。吾谓此书实相传古籍，而老子特著之竹帛，或不诬邪？其书出于谁某不可知[④]，然必托诸黄帝，故汉时言学术者，恒以黄、老并称也。[⑤]《史记》云："老子，楚苦县厉乡曲仁里人也。"汉苦县，今河南鹿邑县。地本属陈，陈亡乃入楚，或以《史记》楚人之言，遂断老子为南方之学，与孔子北方之学相对，则大非。[⑥]姑无论苦县本非楚地；即谓老子为楚人，而其所学，为托

[①] 黄帝相。
[②] 纣臣。
[③] 全书皆三四言韵语；间有散句，盖后人所加；与东周时代之散文，截然不同。一也。书中无男女字，但称牝牡，足见其时之言语，尚多与后世殊科。二也。
[④] 亦不必成于一人。
[⑤] 黄老之学，后来为神仙家所附会，乃有疑黄非黄帝，老非老子者，非也。参看附录三自明。《论衡·自然》篇："黄者黄帝也，老者老子也"，此《汉书》所谓黄、老者，即黄帝、老子之确证。
[⑥] 此说始于日本人，梁任公《论中国学术思想变迁之大势》引之。袭其说者颇多。柳翼谋已辨之矣。

诸黄帝之学，其必为北方之学可知。《史记》云："老子居周久之，见周之衰，乃遂去。至关，关令尹喜曰：子将隐矣，强为我著书。于是老子乃著书上下篇，言道德之意五千余言而去，莫知其所终。"此关或以为函关，或以为散关，难定；要未必南行之关。即谓为南行之关①，而老子学成而后南行，亦与其所著之书无涉也。孔子曰："宽柔以教，不报无道，南方之强也。""衽金革，死而不厌，北方之强也。"此南方指中国，北方指北狄言，非以江河流域对举也。春秋时河域之国，曷尝有"衽金革，死而不厌"之俗？吴、楚皆称慓悍，又曷尝能"宽柔以教，不报无道"邪？

老子行事，不甚可考，惟孔子问礼于老子，古书多载之。《礼记·曾子问》，载老聃之言数条，皆涉礼事，足为孔子问礼之一证。或以《老子》书上道德而贱仁义，尤薄礼，因疑此老聃与作五千言者非一人，亦非。知礼乃其学识，薄礼是其宗旨，二者各不相干。犹明于法律者，不必主任法为治，且可尊礼治而薄法治也。不然，古书载此事，何不曰问道，而皆曰问礼邪？《史记》云："莫知其所终"，而《庄子·养生主》篇，明载老聃之死。或老子事迹，史公有不备知；或《庄子》书为寓言，难定。要《史记》之意，必非如后世神仙家之所附会，则可断也。下文又云："或曰：老莱子亦楚人也，著书十五篇，言道家之用，与孔子同时云。盖老子百有六十余岁，或言二百余岁。以其修道而养寿也。自孔子死之后百二十九年，而史记周太史儋见秦献公，曰：始秦与周合，合五百岁复而离，离七十岁而霸王者出焉。

---

① 或以令尹为楚官名，有此推测。然古人著书，多以后世语道古事；亦多以作者所操之语易本名。此等处，皆难作诚证也。

或曰儋即老子，或曰非也，世莫知其然否。"此百余言，乃后人记识之语，混入本文者。他不必论，"世莫知其然否"六字，即一望而知其非西汉人文义矣。①

《史记》云：老子著书五千余言，与今书字数大略相合。此书古代即多引用阐发之者，其辞句皆略与今本同②，可知今书必多存旧面目。故老子之行事，可征者甚鲜，而其书则甚可信也。

老子之宇宙观，与自古相传之说同。以宇宙之根原，为一种动力。故曰："谷神不死，是谓玄牝。玄牝之门，是谓天地根。绵绵若存，用之不勤。"谷者，空虚之义。神即指动力言之。不死，犹言不息。玄者，深远之义。牝者，物之所由生。言幽深玄远之境，实为天地之所自出也。其力不息，而人不能觉，故曰："绵绵若存，用之不勤。"又曰："道可道，非常道。名可名，非常名，无名天地之始，有名万物之母。故常无欲以观其妙，常有欲以观其徼。此两者同出而异名。同谓之玄，玄之又玄，众妙之门。"常同尚，古假为上字。名之为物，因形而立。③宇宙开辟，物各有其特异之形，乃可锡以特异之名。若其初，则惟是一气而已。气无异形，则亦无异名。故曰"名可名，非上名"，"无名天地之始，有名万物之母"也。物之生皆依于道。如天地之生万物，人之生子是。然此已非其朔。语其朔，则必未有

---

① 古书为魏、晋后信道教者窜乱亦颇多。《史记·自序》，载其父谈《论六家要指》，末曰："凡人所生者神也，所托者形也。神大用则竭，形大劳则敝，形神离则死。死者不可复生，离者不可复反，故圣人重之。由是观之：神者，生之本也；形者，生之具也；不先定其神，而曰：我有以治天下，何由哉？"与上文全不相涉，亦信神仙者记识之语，混入本文者也。

② 近人杨树达辑《老子古义》一书，极可看。

③ 《管子·心术》："以其形，因为之名。"又曰："凡物载名而来，圣人因而裁之。"

天地之时，生天地之道，乃足以当之，故曰"道可道，非上道"也。欲为谷之借字，为空隙之义。下文云："常无欲可名于小。"言最初惟有构成万物之原质，而无万物；此构成万物之原质，即最小之分子，更不可分，故无空隙。无空隙，则可名之曰小矣。①"常无欲以观其妙"同意。妙当作眇，即今渺字。言最初惟有分子，而无万物之时，可以见宇宙之微眇也。徼为皦之假字。本书曰："其上不昧，其下不皦。"皦对昧言，乃明白之义。言分子既集合而成万物，则其形明白可见也。有形②无形③同出一境，此境则谓之玄。言极幽深玄远。此幽深玄远之境，实为构造天地万物之微细之原质所自出，故曰"众妙之门"也。说皆古代哲学通常之义，本亦无甚难解。特其辞义甚古，后世神仙之家皆自托于老子，又利其然而肆行附会，遂至如涂涂附耳。今故不避其繁而详释之。

老子推原宇宙，极于一种不可知之动力；又认此动力之方向为循环，因之得祸福倚伏，知雄守雌之义，已见前节。此为道家通常之义，无俟缕陈。至其社会及政治思想，则湮晦数千年，有不得不亟为阐发者。

老子之所慨想者，亦为农业共产之小社会。与孔子所谓大同者，正系同物。所谓"小国寡民。使有什百之器而不用。使民重死而不远徙。虽有舟舆，无所乘之；虽有甲兵，无所陈之。使民复结绳而用之"也。夫日食大牢者，不可使之复茹其粟。今乃欲使已经进化

---

① 于曰同字。
② 天地万物。
③ 构成天地万物之原质。

之社会，逆行而复返于榛狉之境，此论者所以疑道家之说为不可行也。而不知此殊非道家之意。盖物质文明之进步，与社会组织之复杂，纯系两事，其间并无因果关系。不幸此世界上，现存而昌盛之社会，此两者之进行，偶尔相偕。其有不然者，则其社会或已覆亡，或尚滞于野蛮之境。世遂谓两者必相平行。其实物质文明之进步，乃人类知识之进步有以致之。与其社会组织之堕落，了无干涉。向使人类社会，永无阶级之分，一守其大同之世，"不独亲其亲，不独子其子；货恶其弃于地，不必藏于己；力恶其不出于身，不必为己"之旧，其知识亦未必不进步；知识进步，其制驭天然之力，亦未有不随之而进步者。且社会组织安和，则无阻碍进步，及毁坏已成之功之事，其进步必更一日千里，远胜于今。虽事无可征，而理实可信。彼谓学问技术之进步，皆以人类自利之心为之基，实为最谬之语。近世进步之速，乃由有已发明之科学为之基。科学肇兴之始，果爱好真理为之乎？抑亦有如今日，悬赏以奖励发明者致之也？且人类之有发明，数十万年矣；私产制度之行，则数千年耳。古人之所发明，虽视今日为拙；其进步，虽较近世为迟；然其性质则无以异。私产未兴之世，又有何私利以鼓动之邪？故知此等，全系习于社会之病态，而忘其健康时之情形之说也。知此，乃可以读道家之书。

　　道家之所攻击者，全在社会组织之不合理，而不在物质之进步。然其言一若攻击物质文明者，则以物质之进步，与社会之堕落平行。物质实在不合理之社会中进化。凡所创造，皆以供少数人之淫侈[1]，

---

[1] 读《淮南子·本经训》可见。

社会虽因物质之进步而蒙福，亦因淫侈之增加而受祸，故大声疾呼而攻击之。设使物质之进步，皆以供大多数人之用，道家必不攻击之矣。此犹今日极守旧之人，仍有以机器为奇技淫巧，而欲闭关绝市者。其见解固甚顽陋，然亦因此等物，实随外力之侵略而俱来，故有此愤激不平之念。设使西人之来，与我和亲康乐，日以利民之物，供我之用，吾敢决全国无一人排斥之也。今者欲闭关绝市，尽去守旧之徒之所谓奇技淫巧者，诚不可得。然谓现代之文明，必与帝国主义相附；现代之文明不毁灭，即帝国主义终不可去，有是理乎？细读道家之书，自见其所攻击者，皆为社会之病态，无一语及于物质文明，欲毁坏之，而使社会复返于榛狉之境者。孟子曰："说《诗》者，不以文害词，不以词害意；以意逆志，是为得之。"岂惟说《诗》，读一切古书，皆当如是矣。

古代民权不发达，一国之事，恒操于少数贵族之手。此少数贵族，则惟务剥民以自利，以遂其淫侈之欲。甚至争城争地；或眩惑于珠玉重器，糜烂其民而战之。民固深被其殃，彼亦未尝不还受其祸。古代之亡国败家，由此者盖不少也。[①]故老子深戒之。曰："五色令人目盲；五音令人耳聋；五味令人口爽；驰骋田猎，令人心发狂；难得之货，令人行妨。"又曰："甚爱者必大费，多藏者必厚亡。"又曰："以道佐人主者，不以兵强天下。其事好还。师之所处，荆棘生焉。大兵之后，必有凶年。"又曰："夫佳[②]兵者不祥之器，物或恶之，故有道者不处。"

---

① 详见拙撰《大同释义》第五篇。
② 同惟。

先秦学术概论

　　古所谓大同郅治之世，其民初无阶级之分。故其利害不相冲突。利害不相冲突，则无相贼害之事。人既不相贼害，自不必有治之之法律，并不必有教之之训条矣。道德①法律，其为物虽殊，其为既有恶之后，乃教人去之，而使之从事于所谓善，则一也。然则既有道德法律，其社会，即非纯善之社会矣。故曰："天下皆知美之为美，斯恶矣。皆知善之为善，斯不善矣。"又曰："失道而后德，失德而后仁，失仁而后义，失义而后礼。夫礼者，忠信之薄而乱之首。"又曰"大道废，有仁义；慧知出，有大伪；六亲不和有孝慈；国家昏乱有忠臣"也。随社会之变乱，而日出其法以治之，此犹治病者日事对证疗法，而不为根本之图。治法愈繁，其去健康愈远。则何如尽弃现在之法，而别为治本之计乎？故曰："绝圣弃知，民利百倍。绝仁弃义，民复孝慈。绝巧弃利，盗贼无有。"此所谓圣知者，非明于事理之圣知，乃随社会病态之变幻，而日出其对证疗法以治之之圣知。然则所谓孝慈者，亦非真父子相爱之孝慈，乃父子相夷，而禁之使不得然之孝慈；所谓巧者，非供民用之械器；所谓利者，非厚民生之物品；乃专供少数人淫侈之物，使民艳之而不能得，而因以引起其争夺之心者耳。老子又曰："民之饥，以其上食税之多②；民之难治，以其上之有为③；民之轻死，以其奉生之厚"④，谓此也。所谓绝圣弃知，自非争讼未息，而先去法庭；盗贼遍野，而先去军警。然徒恃军警及法庭，终不可谓治之至，而必别有其根

---

　①　此非老子书所谓道德，乃今日通常所用之道德字也。
　②　言有奢侈者，则使人相形之下，自觉其贫乏。
　③　言以权力伏人，即不啻教人知有权力，而其人亦将用权力以相抗。
　④　言轻死者，皆因迫于贫乏，而其自觉贫乏，正因其生活程度之高。

本之图，则其义皎然矣。《老子》曰："化而欲作，吾将镇之以无名之朴。无名之朴①，夫②亦将无欲。不欲以静，天下将自定。"此语看似迂阔。然设使今日之豪富，能尽革其淫侈之习；有权力者，能尽弃其权力，而一与凡民同，民果尚有欲乎？民皆无欲，天下尚有不定者乎？此义诚非旦夕可行，然语夫治之至，则舍此固莫属也。

　　人心之险恶，既因社会组织之堕落而然，非因物质文明之进步而至，则知《老子》所谓"古之善为道者，非以明民，将以愚之"，绝不足怪。何则？人对于天然之知识，及其克服天然之能力，虽日有增加，断不至因此而相欺相贼。至于诈愚之智，侵怯之勇，则本乃社会之病态；此犹病者之神经过敏，本须使之镇静，乃能复于康健也。故谓道家欲毁弃物质文明，或谓道家欲闭塞人民之知识，皆全失道家之意者也。

---

① 此上疑夺"镇之以"三字。
② 彼也。

第三节　庄　子

庄子之学，与老子相似而实不同。《天下》篇曰："笏漠无形，变化无常。死与生与？天地并与？神明往与？芒乎何之？忽乎何适？万物毕罗，莫足以归。古之道术有在于是者，庄周闻其风而悦之。"此数语，最能道出庄子学术真相。庄子之意：以为天地万物，皆一气变化所成，其变化人无从预知之；故同在宇宙之中者，彼此亦不能相知。世之执其所见，自谓能知者，均属妄说。执此妄说，而欲施诸天下，则纷扰起矣。故治天下之法，莫如泯是非。泯是非则不执成见。凡事皆当尽力考察，随时变换办法，以求适合，即今重客观而戒恃主观之说也。至于人之所以自处，则将来之祸福，既不可知，自莫如委心任运，听其所之。心无适莫，则所谓祸者，即已根本无存矣。老子之主清虚，主卑弱，仍系为应事起见，所谈者多处事之术；庄周则意在破执，专谈玄理，故曰其学相似而不同。然其宗旨，则究于老子为近。故《史记》谓其"于学无所不窥，然其要本，归于老子之言"；而《庄子》书中，称颂老子之辞，亦最多也。

庄周，《汉志》云宋人。《史记》云："蒙人，尝为蒙漆园吏。"汉蒙县故城，在今河南商丘县东北，故宋境也。《汉志》云其书五十二篇，而今传本只三十三篇。陆德明曰："《汉志》：《庄子》五十二篇，即司马彪、孟氏所注是也。言多诡诞，或类占梦书，故注者以意去取。其《内篇》众家并同。自余或有外而无杂。惟郭子玄所注，特会庄生之旨，故为世所贵。"郭注即今本也。①凡《内篇》七，《外篇》十五，《杂篇》十一。除《杂篇》中之《说剑》《渔父》《列御寇》三篇外，大抵精绝。盖其杂者，已为前人所删矣。论者多独重《内篇》，实未免以耳为目也。

《庄子·天地》篇曰："泰初有无，无有无名。一之所起，有一而未形。物得以生谓之德。②未形者有分，且然无间谓之命。③留④动而生物，物成生理谓之形。形体保神，各有仪则谓之性。"此推原物之所自始也。《知北游》曰："人之生，气之聚也。聚则为生，散则为死。""朽腐复化为神奇，神奇复化为朽腐，故曰通天下一气耳。"《寓言》曰："万物皆种也，以不同形相禅。"此言物既成之后，仍变化不已也。故曰："彼出于是，是亦因彼。"又曰："方生方死，方死方生。"此等变化，庄子以为即万物所自为，而非别有一人焉以司之。故《齐物论》篇，譬诸风之万窍怒号，而曰"吹万不同，而使其自已，咸其自取，怒者其谁"也。

设使世界而如宗教家之说，有一天神焉以主之，则其原因至简，能知此天神，即能知世界之真相矣。若万物之变化，其原因即在乎万物，则以世界之广大，现象之纷繁，遍观尽识，势有不能，又何从知变化之所自，而据以逆测其将来？故庄子之论世界，径以为不可知也。其说尽于《秋水》篇"量无穷，时无止，分无常，终始无故"

---

① 其注实本于向秀，可看《四库书目提要》。
② 此言万物之生，皆系分得大自然之一部分。
③ 有分，言有彼此之分界。盖物体同出于大自然。设无彼此之分界，则只浑然之一体，不能成其为物也。且同祖，始也。然，成也。无间，即小之义。物之始成，其体极小，所谓万物始于至微也。
④ 《释文》云"或作流"，当从之。

四语。量无穷从空间言；时无止从时间言；分无常，言物之变化不定①；终始无故，则言其因果之不可知也。

人不惟不能知世界也，亦彼此不能相知。以凡物所恃以为知之官能不同，而其所处之境又不同也。《齐物论》："啮缺问于王倪曰：子知物之所同是乎？曰：吾恶乎知之？曰：子知子之所不知邪？曰：吾恶乎知之？然则物无知邪？曰：吾恶乎知之？"即此理。

不惟彼此不能相知也，即己亦不能自知。以人之情缘境而异，而其所处之境，无从预知也。《齐物论》曰："丽之姬，晋国之始得之也，涕泣沾襟。及其至于王所，与王同筐床，食刍豢，而后悔其始之泣也。"此与"梦饮酒者旦而哭泣，梦哭泣者旦而田猎"何异？"方其梦也，不知其梦也，梦之中又占其梦焉，觉而后知其梦也。且有大觉而后知此其大梦也。"故曰："予恶乎知说生之非惑邪？予恶乎恶死之非弱②丧而不知归者邪？"

人之有知，惟恃感觉，而感觉实不足恃，此世界之所以终不可知也。《天道》篇曰："视而可见者，形与色也；听而可闻者，名同声也。悲夫！世人以形色名声为足以得彼之情！夫形色名声，果不足以得彼之情，则知者不言，言者不知，而世岂识之哉？"谓此也。

即谓形色名声，为可以得物之情，亦惟能得其形迹，而合诸物而成之共相，不可知也。《则阳》篇曰："少知问于大公调曰：何谓丘里之言？大公调曰：丘里者，合十姓百名而以为风俗也。今指马之百体而不得马，而马系于前者，立其百体而谓之马也。是故丘

---

① 此可为彼；彼亦可以为此，故其界限不立。
② 同溺。

山积卑而为高，江河合小而为大，大人合并而为公。万物殊理，道不私，故无名。"理者分形，道者共相，合马之百体，人能知为马；合殊理之万物，人不能知为道，以其一有形，一无形；一体小而系于前，一则不能遍察也。

然则人之所谓知者，皆强执一见而自以为是耳，所谓"随其成心而师之"也。若去此成心，则已空洞无物。故曰："未成乎心而有是非，犹今日适越而昔至"，言其无是理也。①

是非既不可知，故辩论之胜负，全与是非无涉。《齐物论》曰："使我与若辩，若胜我，我不若胜，若果是也？我果非也邪？我胜若，若不我胜，我果是也？而果非也邪？""使同乎若者正之，既与若同矣，恶能正之？使同乎我者正之，既同乎我矣，恶能正之？使异乎我与若者正之，既异乎我与若矣，恶能正之？使同乎我与若者正之，既同乎我与若矣，恶能正之？"盖世既无一人能真知他人，自无一人能判定他人之是非者，顾执一己之是非，而欲强天下以从我，无怪其徒滋纷扰也。然执一己之是非，以为天下之公是非不可，而在一定标准之下，而曰：我之是非如是，则固无不可。所谓"彼亦一是非，此亦一是非"也。故曰："以道观之，物无贵贱；以物观之，自贵而相贱；以俗观之，贵贱不在己。"②

天下既无是非矣，复事学问何为？曰：不然，摧邪所以显正。庄生之齐是非，正以执一己之是非，以为天下之公是非者，贻害甚烈，

---

① 名家之"今日适越而昔来"，别是一理，见后。此则随俗为解，以为必无之义，盖此本成语，名家反其意以显名理，庄生则随俗用之也。

② 《秋水》。

故欲辞而辟之耳。知一己之是非，不可以为天下之公是非，则能随顺万物，使万物各得其所；而己之所以自处者，亦得其道矣。《秋水》篇：北海若语河伯以齐是非之旨。河伯诘之曰："然则何贵于道。"北海若曰："知道者必达于理，达于理者必明于权，明于权者不以物害己。""知道者必达于理"，谓明于原理，则能知事物之真相。"达于理者必明于权"，言能知事物之真相，则能知其处置之方也。解牛者"依乎天理""因其固然"[①]；养虎者"时其饥饱，达其怒心"[②]，正是此旨。《则阳》篇："长梧封人谓子牢曰：君为政焉勿卤莽，治民焉勿灭裂。昔予为禾，耕而卤莽之，则其实亦卤莽而报予；芸而灭裂之，则其实亦灭裂而报予。"强执一己之是非，而施诸天下，终必召卤莽灭裂之报，正由其不知道，不明理，故不达权，以至于是也。

此皆庄周之治术也。至其自处之方，则在于顺时而安命。盖自然之力甚大，吾固无从与之抗；不能与抗，而强欲抗之，则徒自寻烦恼而已。《大宗师》曰："夫藏舟于壑，藏山于泽，谓之固矣，然而夜半，有力者负之而走。"又曰："父母于子，东西南北，惟命之从。阴阳于人，不翅于父母。彼近吾死，而我不听，我则悍矣，彼何罪焉。"皆极言自然力之不可抗也。自然力既不可抗，则惟有委心任运，听其所之。故曰："达生之情者，不务生之所无以为；达命之情者，不务知之所无奈何。"夫一切听其自然，似不足避祸而得福者。然所谓祸福者，本非身外实有此境，乃吾心自以为福，以为祸耳。《庚桑楚》篇所谓："寇莫大于阴阳无所逃于天地之间。

---

① 《养生主》。
② 《人间世》。

非阴阳贼之，心则使之也。"心苟泯乎祸福之见，则祸已不待去而去，祸去即得福矣。故"安时而处顺，哀乐不能入"，为庄周所谓养生之主。

执伪是非以为真是非，而遂至于祸天下者，可举实事为证。[①]《则阳》篇曰：柏矩"之齐，见辜人焉，推而强之，解朝服而幕之，号天而哭之，曰：子乎！子乎！天下有大菑，子独先离之。曰：莫为盗，莫为杀人。荣辱立，然后睹所病；货财聚，然后睹所争。今立人之所病，聚人之所争，穷困人之身使无休时，欲无至此，得乎？""匿为物而愚不识，大为难而罪不敢，重为任而罚不胜，远其途而诛不至。民知力竭，则以伪继之。日出多伪，士民安取不伪？夫力不足则伪，知不足则欺，财不足则盗。盗窃之行，于谁责而可乎？"此节所言，见得世俗所谓功罪者，皆不足以为功罪，而强执之以赏罚人，其冤酷遂至于此，此则齐是非之理，不可以不明审矣。《胠箧》篇曰："为之斗斛以量之，则并与斗斛而窃之。为之权衡以称之，则并与权衡而窃之。为之符玺以信之，则并与符玺而窃之。为之仁义以矫之，则并与仁义而窃之。"尤为说得痛快。盖窃仁义之名，以行不仁不义之实，正惟不仁不义者而后能之。是则仁义之立，徒为能行仁义者加一束缚，更为不仁不义之人，资之利器耳。是以仁义为药，对治不仁不义之病，丝毫未能有效，且因药而加病也。夫必世有不仁不义之事，而后仁义之说兴；非仁义之说既兴，而世乃有不仁不义之事。故谓立仁义之说者，导人以为不仁不义，立仁义之说者，不任受怨也。然以仁义之名，对治不仁不义之病，只限于其说初立

[①] 此原未必实事。然造作寓言者，必察社会之情形可有此事，而后从而造之。故寓言之作，虽谓与实事无别，亦无不可也。

之一刹那顷。① 此一刹那顷既过，即仁义之弊已形，执之即转足为病。故曰："仁义者，先王之蘧庐，可以一宿，而不可以久处也。"然世之知以仁义为蘧庐者鲜矣。已陈旧之道德，古今中外之社会，殆无不执之以致祸者。此则庄生之所以瘏口哓音，欲齐是非以明真是非也。

---

① 即尚未为不仁不义者所窃之时。

第四节 列　子

《汉志》有《列子》八篇。注曰："名圄寇，先庄子，庄子称之。"今本出于晋张湛。湛《序》谓其祖得之外家王氏，则王弼之徒也。此书词旨，多平近不似先秦古书处。篇中屡及周穆王西游事，皆与《山海经》《穆天子传》等相符。又有西极幻人之说，明系魏、晋后人语。[①]此书为湛所伪造，似无可疑。然必谓其绝无根据，则亦不然。今此书内容，与他古书重复者正多。汪继培谓"原书散佚，后人依采诸子，而稍附益之"，最为得实。湛《序》云："所明往往于佛经相参，大同归于老、庄。属辞引类，特于《庄子》相似。庄子、慎到、韩非、尸子、淮南子多称其言。"即湛自道其依采附益之供状也。

此书盖佛教初输入时之作。然作者于佛家宗旨，并未大明，故所言仍以同符老、庄者为多，与《庄子》尤相类。《庄子》书颇难读，此书辞意俱较明显，以之作《庄子》参考书最好。径认为先秦古书固非，谓其彻底作伪，全不足观，亦未是也。

魏、晋人注释之哲学书，具存于今者有三：（一）王弼之《易注》，（二）郭象之《庄子注》，（三）即此书也。而此书尤易看，看此三种注，以考魏、晋人之哲学，亦良得也。

---

① 《山海经》为古方士之书，见第九章。其中又有汉以后人，以所知域外地理羼入者。《穆天子传》亦此类。世多以其言地理与实际相合而信之，殊不知此正其伪造之据也。西极幻人，即汉世之黎靬眩人，见《汉书·西域传》。

先秦学术概论

今此书凡八篇。第一篇《天瑞》，第五篇《汤问》，乃书中之宇宙论。言宇宙为人所不能知，极端之怀疑论也。第二篇《黄帝》，言气无彼我，彼我之分由形。不牵于情而任气，则与物为一，而物莫能害。第三篇《周穆王》，言真幻无异。第四篇《仲尼》，言人当忘情任理。此等人生观，亦与《庄子》相同。其发挥机械论定命论最透彻者，为《力命》《说符》二篇，其理亦皆庄生书中所已有，特庄生言之，尚不如此之极端耳。古代哲学，方面甚多，而魏、晋独于此一方面，发挥十分透彻，亦可知其颓废思想之所由来也。《杨朱》一篇，下节论之。

下编　分论

第五节　杨　朱

　　杨朱之事，散见先秦诸子者，大抵与其学说无涉，或则竟系寓言。惟《孟子》谓"杨子取为我，拔一毛而利天下，不为也"，当系杨朱学术真相。孟子常以之与墨子并辟，谓"杨朱、墨翟之言盈天下"；又谓"逃墨必归于杨，逃杨必归于儒"，则其学在当时极盛。今《列子》中有《杨朱》一篇，述杨子之说甚详。此篇也，或信之，或疑之。信之者如胡适之，谓当时时势，自可产生此种学说。疑之者如梁任公，谓周、秦之际，决无此等颓废思想。予谓二说皆非也。杨朱之学，盖仍原出道家。道家有养生之论，其本旨，实与儒家修齐治平，一以贯之之理相通。然推其极，遂至流于狭义之为我与颓废，所谓作始也简，将毕也巨，此学问所以当谨末流之失也。

　　道家养生之论，《老子》已言之。如曰"贵以身为天下，若可寄天下。爱以身为天下，若可托天下"①是也。《庄子》之《缮性》《让王》，《吕览》之《贵生》《不二》，《淮南》之《精神》《道应》《诠言》诸篇，发挥此义最为透彻。《让王》篇曰："尧以天下让许由，许由不受。又让于子州支父。子州支父曰：以我为天子，犹之可也。虽然，我适有幽忧之病，方且治之，未暇治天下也。夫天下至重也，而不以害其生，又况他物乎？唯无以天下为者，可以托天下也。"

----

① 若同乃。此语诸子之言养生者多引之。

先秦学术概论

天下至重，而不以害其生，则与杨子之拔一毛利天下不为近矣，而顾曰可以托天下，何也？道家之意，以为人生于世，各有其所当由之道，即各有其所当处之位。人人能止乎其位，则无利于人，亦无害于人，而天下可以大治。若其不然，一出乎其所当处之位，则必侵及他人之位；人人互相侵，则天下必乱，固不问其侵之之意如何也。[①]道家之言治，所以贵反性命之情者以此。[②] 故道家之言养生，其意原欲以治天下。《执一》篇曰："楚王问为国于詹子。詹子对曰：何闻为身，不闻为国。詹子岂以国可无为哉？以为为国之本，在于为身，身为而家为，家为而国为，国为而天下为。故曰：以身为家，以家为国，以国为天下。此四者异位同本。故圣人之事，广之则极宇宙，穷日月，约之则无出乎身者也。"可谓言之深切著明矣。天下国家，与身异位同本，理颇难明。《淮南·精神训》论之最好。其说曰："知其无所用，贪者能辞之；不知其无所用，廉者不能让也。夫人主之所以残亡其国家，捐弃其社稷，身死于人手，为天下笑，未尝非为欲也。夫仇由贪大钟之赂而亡其国；虞君利垂棘之璧而禽其身；献公艳骊姬之美而乱四世；桓公甘易牙之和而不以时葬；胡王淫女乐之娱而亡上地。使此五君者，适情辞余，以己为度，不随物而动，岂有此大患哉？"此从消极方面言之也，若从积极方面言之，则其说见于《诠言训》。《诠言训》曰："原天命，治心术，理好憎，适情性，则治道通矣。原天命则不惑祸福。治心术则不妄喜怒。

---

① 此亦道家所以齐是非之一理。惟如此，故谓仁义非人性，伯夷、盗跖，失性则均也。可参看庄子《骈拇》《马蹄》两篇。

② 人人反其性命之情，则能各安其位矣。

理好憎则不贪无用。适情性则欲不过节。不惑祸福,则动静循理。不妄喜怒,则赏罚不阿。不贪无用,则不以欲用害性。欲不过节,则养性知足。凡此四者,弗求于外,弗假于人,反己而得矣。""适情辞余,以己为度",乃养生论之真谛。"原天命,治心术,理好憎,适情性",即所谓反其性命之情也,惟反其性命之情者,乃可以养生;亦惟反其性命之情者,乃能为天下。故曰"唯无以天下为者,可以托天下"也。世之不明此理者,每谓天下之治,有待人为。殊不知如是,则吾已出乎其位,出位即致乱之原。虽一时或见其利,而将来终受其弊。故桀、纣之乱在目前,而尧、舜之乱,在千世之后。何则?古之人好争,好争则乱,于是以礼让为教。夫以礼让治当时之乱则可矣;然讲礼让太过,其民必流于弱;中国今日,所以隐忍受侮,不能与外族竞者,则礼让之教,入人太深为之也。然如德意志,承霸国之余业,席累胜之遗烈,志欲并吞天下,囊括欧洲。终以过刚而折。夫其今日之摧折,则其前此之军国主义之训练为之也;而其前此之盛强,则亦此故。凡出乎其位之事,虽得利于一时,未有不蒙祸于将来者。佛说世人所为,"如以少水,而沃冰山,暂得融解,还增其厚",理正由此。今中国自伤其弱,而务求强,其将来,难保不为从前之德意志;欧洲之人,经大战之创痛,而思休养生息,其将来,又安保不为今日之中国?然则谓中国今日之弱,乃前此之教礼让者致之;德意志今日之摧折,乃前此之唱军国民主义者致之,固无不可。即谓中国将来之失之过刚,仍系昔之教礼让者贻之祸;欧洲将来之过弱,仍系前此唱竞争者种之因,亦无不可也。一事之失,辗转受祸,至于如此;然则孰若人人各安其位,不思利人,亦不思利己之为当哉？故《列子》载杨朱之言曰："善治外者，物未必治；善治内者，物未必乱。以若之治外，其法可以暂行于一国，而未合于人心；以我之治内，可推之于天下。"又曰："古之人，损一毫利天下，不与也；悉天下奉一身，不取也。人人不损一毫，人人不利天下，天下治矣。"夫人人不损一毫，则无尧、舜；人人不利天下，则无桀、纣；无桀、纣，则无当时之乱；无尧、舜，则无将来之弊矣。故曰天下治也。杨子为我之说如此；以哲学论，亦可谓甚深微妙；或以自私自利目之，则浅之乎测杨子矣。①

然则杨朱之说，即万物各当其位之说，原与儒家相通。然所谓位者，至难言也。以人人论，则甲所处之位，非乙所处之位；以一人论，则今所处之位，非昔所处之位。以位之万有不同，所谓当其位者，亦初无一定形迹。"禹、稷、颜子，易地则皆然"；"穷则独善其身，达则兼善天下"，皆是理也。然则处乎君师之位者，即以一夫不获为予辜，亦不为出其位；遭值大乱之时，又怀救世之志者，即如孔子之周游列国，亦不为出其位。若但执七尺之躯为我，以利此七尺之躯为为我，而执此为当处之位，则谬矣。然智过其师，乃能传法。此一种学说，推行既广，必不能无误解其宗旨之人。此杨氏之末流，所以流于无君，而孟子所以辟之也。然则如《杨朱》篇所载之颓废思想，乃杨学之末流，固非杨子之咎，而亦不得谓杨氏之徒无此失也。《列子》固系伪书，其所谓《杨朱》篇者，亦或不可信。然《庄子·盗跖》篇，设为盗跖告孔子之辞曰："今吾告子以人之情，目欲视色，耳欲听

---

① 《淮南·氾论》篇曰："全性保真，不以物累形，杨子之所立也。"可见杨子为我之义，出于道家之养生论。

声，口欲察味，志气欲盈。人上寿百岁，中寿八十，下寿六十；除病瘦[①]死丧忧患，其中开口而笑者，一月之中，不过四五日而已矣。天与地无穷，人死者有时，操有时之具，而托于无穷之间，忽然无异骐骥之驰过隙也。不能说其志意，养其寿命者，皆非通道者也。丘之所言，皆吾之所弃也。亟去走归，毋复言之。子之道，狂狂汲汲，诈巧虚伪事也，非所以全真也，奚足论哉！"与《列子·杨朱》篇所谓："徒失当年之至乐，不能自肆于一时，重囚累梏，何以异哉？""生则尧舜，死则腐骨；生则桀纣，死则腐骨。腐骨一矣，孰知其异？且趣当生，奚皇死后"者，又何以异？跖之言曰："不能说其志意，养其寿命者，皆非通道"；又曰："子之道，非所以全真"，皆可见其所持，为道家养生论之流失也。《列子》此篇，盖真伪参半。盖剽取先秦古籍，而又以己意润饰之者耳。

---

① 瘦之误。瘦即瘐，瘐，病也。

先秦学术概论

第六节　管子　鹖冠子

　　《管子》《汉志》隶之道家，《隋志》隶之法家，然实成于无意中之杂家也。书中道法家言诚精绝，然关涉他家处尤多。如《幼官》《幼官图》《四时》《五行》《轻重》已为阴阳家言，《七法》《兵法》《地图》《参患》《制分》《九变》为兵家言，《霸言》为纵横家言，《地员》为农家言是也。诸家之书，所传皆少，存于此书中者，或转较其当家之书为精；即以道法家言论，亦理精文古，与老、庄、商、韩，各不相掩。真先秦诸子中之瑰宝也。

　　孟子斥公孙丑曰："子诚齐人也，知管仲、晏子而已矣。"管、晏之功烈，齐人盖称道弗衰。凡有传说，一以傅之，而学者亦自托于此以为重，势也。晏子之书，传于今者，有《晏子春秋》，大抵记晏子行事。《管子》记行事者有《大中小匡》《霸形》《小称》《四称》诸篇。《中小匡》及《立政》《乘马》《问》《入国》《度地》诸篇，又多记治制。盖较晏子书尤恢廓矣。制度果出管子与否，诚难质言，然必不容凭空虚构，霸国之遗烈，固因之而可考矣。《轻重》诸篇，予疑为农家言，别于论农家时述之。此说确否，予亦未敢自信。然轻重之说，诸家皆不道，惟《管子》书为特详，则亦其书之所以可贵也。

　　《汉志》有《鹖冠子》一篇，注曰："楚人，居深山，以鹖为冠。"今本凡三卷，十九篇。有宋陆佃注。《四库提要》曰："佃《序》谓韩愈读此称十六篇，未睹其全。佃，北宋人，其时古本《韩文》初出，当得其真。今本《韩文》乃亦作十九篇，殆后来反据此书以改韩集。"王闿运曰："道家《鹖冠子》一篇，纵横家《庞煖》二篇。《隋志》道家有《鹖冠》三卷，无《庞煖》书，而篇卷适相合，隋以前误合之。"今案此书，第七、第八、第九、第十四、第十五诸篇，皆庞子问而鹖冠子答。第十六篇，赵悼襄王问于庞煖。十九篇，赵武灵王问于庞煖。盖庞子赵将，而鹖冠子则庞子之师，此其所以误合也，此书义精文古，决非后世所能伪为，全书多道、法二家言，又涉明堂阴阳之论[①]，与《管子》最相似。第九篇言治法，尤与《管子》大同。盖九流之学。流异源同，故荆楚学者之言，与齐托诸仲父之书相类也。

---

① 第六、第八、第十、第十七诸篇。

第七节　其余诸家

道家之学，其书具存于今者，略如上述。外此诸家，则书已不存，仅能于他家书中，见其大略矣。

《庄子·天下》篇，以彭蒙、田骈、慎到三人为一派，谓其"齐万物以为首""知万物皆有所可，有所不可，故曰：选则不遍，教则不至，道则无遗者矣"。"是故慎到弃知去己，而缘不得已。泠汰于物，以为道理。"①"不师知虑，不知前后。推而后行，曳而后往。夫无知之物，无建己之患，无用知之累，动静不离于理，是以终身无誉。故曰：至于若无知之物而已，无用贤圣。""豪杰相与笑之曰：慎到之道，非生人之行，而至死人之理，适得怪焉。田骈亦然，学于彭蒙，得不教焉。"②高诱《吕览注》，亦谓"田骈齐生死，等古今"，则此三人学说，实与今庄生书所载者相近。《史记·孟荀列传》曰："慎到，赵人。田骈、接子，齐人。环渊，楚人。皆学黄、老道德之术，因发明序其指意。故慎到著十二篇，环渊著上下篇，而田骈、接子，皆有所论焉。"《汉志》亦有《田子》二十五篇，《捷子》二篇③，《蜎子》十三篇。④皆亡。而《慎子》四十二篇，在法家。⑤

---

① 郭注："泠汰，犹听放也。"
② 盖即"教则不至"之教。
③ 即接子。
④ 即环渊。
⑤ 今存者五篇，多法家言。

《史记》谓老子著书，出于关尹之恿惎。《汉志》有《关尹子》九篇。注曰："名喜，为关吏。老子过关，喜去吏而从之。"《庄子·天下》篇，亦以二人列为一派，则其学之相近可知。今之《关尹子》，多阐佛理，又杂以阴阳之说。并有龙虎、婴儿、蕊女、金楼、绛宫、宝鼎、红炉等名。盖融合后世之道家言及佛说而成者。其文亦似佛经，全不类先秦古书。凡作伪书，无如此不求似者。盖其意非欲伪古，真是借题古书之名，使人易于寓目耳。

　　道家伪书，又有《鬻子》。案《汉志》，道家有《鬻子》二十二篇，注曰："名熊，为周师。自文王以下问焉。周封，为楚祖。"小说家又有《鬻子》说十九篇，注曰："后世所加。"《隋志》：道家，《鬻子》一卷，小说家无。《旧唐志》，小说家有，道家无。《新唐志》同《隋志》。今本凡十四篇，卷首载唐永徽四年华州县尉逢行珪进表。各篇标题，皆冗赘不可解。又每篇皆寥寥数语，绝无精义。《列子》之《天瑞》《黄帝》《力命》三篇，各载《鬻子》之言一条。《贾子·修政下》，亦载文王等问于鬻子事七章。此书皆未采及，伪书之极劣者也。

　　《汉志》：《文子》九篇。注："老子弟子，与孔子并时，而称周平王问，似依托者也。"今本《文子》，多袭《淮南》，亦取《庄子》《吕览》，多浅鄙之言。引《老子》处，尤多误解，决为后世伪书。又非《汉志》所谓依托者矣。

　　此外诸家，或名氏仅见他书，学术宗旨，更无可考，今皆略之。

第二章 儒　家

第一节　总　论

　　《汉志》云："儒家者流，盖出于司徒之官，助人君顺阴阳明教化者也。"《淮南要略》云："周公继文王之业，持天子之政，以股肱周室，辅翼成王。惧争道之不塞，臣下之危上也。故纵马华山，放牛桃林，败鼓折枹，搢笏而朝，以宁静王室，镇抚诸侯。成王既壮，能从政事，周公受封于鲁，以此移风易俗。孔子修成、康之道，述周公之训，以教七十子，使服其衣冠，修其篇籍，故儒者之学生焉。"今观儒家之书，大抵推崇教化，称引周典，《淮南子》及《班志》之语，诚为不诬，然《中庸》言："仲尼祖述尧、舜，宪章文、武；上律天时，下袭水土。"自此迄于篇末，旧注皆以为称颂孔子之辞。孟子曰："自有生民以来，未有孔子也。"又引宰予之言曰："以予观于夫子，贤于尧、舜远矣。"[1] 皆以为德参天地，道冠古今。《论语》载孔子

---

[1] 《公孙丑上》。

之言曰："周监于二代，郁郁乎文哉！吾从周。"①然又载其答颜渊为邦之问曰："行夏之时，乘殷之辂，服周之冕，乐则韶舞。"②其治法实兼采四代。"服周之冕"，为凡尚文之事示之例，即《论语》从周之义。乘殷之辂，为凡尚质之事引其端，则《春秋》变周之文从殷之质之义。知从周仅孔门治法之一端；孔子之道，断非周公所能该矣。案儒之为言柔也。汉人多以儒墨并称，亦以儒侠对举。窃意封建之坏，其上流社会，自分为二，性宽柔若世为文吏者则为儒，性强毅若世为战士者则为侠，孔因儒以设教，墨藉侠以行道。儒者之徒，必夙有其所诵习之义，服行之道，孔子亦因而仍之。此凡孔子之徒所共闻，然初非其至者。孔子之道之高者，则非凡儒者所与知。故弟子三千，达者不过七十；而性与天道，虽高弟如子贡，犹叹其不得闻也。③然孔子当日，既未尝自别于儒，而儒家亦皆尊师孔子，则论学术流别，固不得不谓为儒家。《汉志》别六艺于诸子之外，实非也。今述孔子，仍列诸儒家之首。

第二节　孔　子

孔子之道，具于六经。六经者，《诗》《书》《礼》《乐》《易》《春秋》也。以设教言，则谓之六艺。以其书言，则谓之六经。《诗》《书》《礼》《乐》者，大学设教之旧科。儒家偏重教化，故亦以是为教，《易》

---

① 《八佾》。
② 《卫灵公》。
③ 见《论语·公冶长》。

先秦学术概论

与《春秋》，则言性与天道，非凡及门所得闻，尤孔门精义所在也。①

六经皆先王旧典，而孔子因以设教，则又别有其义。汉儒之重六经，皆以其为孔子所传，微言大义所在，非以其为古代之典籍也。西京末造，古文之学兴。轻微言大义而重考古。乃谓六经为伏羲、尧、舜、禹、汤、文、武、周公之传，别六艺于儒家之外，而经学一变，而儒家之学，亦一变矣。②今古文之是非，今亦不欲多论。然欲知孔子之道，则非取今文学家言不可。不然，六经皆破碎之古书，读之将了无所得，正不独《春秋》有断烂朝报之讥矣。今试就六经略敷陈其大义如下。

今文《诗》有鲁、齐、韩三家。今惟韩诗尚存《外传》，余皆亡。《外传》及《诗》之本义者甚少。然今所传《诗序》，虽为《古文》家言，而《大序》总说诗义处，实取诸三家。③节取其辞，实可见《诗》之大义也。案《诗》分风、雅、颂三体。《诗大序》曰："《风》，风也，教也。风以动之，教以化之。""上以风化下，下以风刺上，主文而谲谏，言之者无罪，闻之者足以戒。故曰《风》。至于王道衰，礼义废，政教失，国异政，家殊俗，而变风、变雅作矣。国史明乎得失之迹。伤人伦之废，哀刑政之苛，吟咏情性以风其上，达于事变而怀其旧俗者也。故变风，发乎情，止乎礼义。发乎情，民之性也。止乎礼义，先王之泽也。是以一国之事，系一人之本，谓之《风》，言天下之事，形四方之风。谓之《雅》，雅者，政也。政有小大，故有《小雅》焉，有《大雅》焉。《颂》者，

---

① 参看附录一《六艺》。
② 参看附录二《经传说记》。
③ 魏源说，见《诗古微》。

美盛德之形容,以其成功告于神明者也。"其释风、雅、颂之义如此。《王制》:天子巡狩,"命大师陈诗,以观民风"。《公羊》何注曰:"五谷毕入,民皆居宅。""男女有所怨恨,相从而歌。饥者歌其食,劳者歌其事。男年六十,女年五十无子者,官衣食之,使之民间求诗。乡移于邑,邑移于国,国以闻于天子。故王者不出牖户,尽知天下所苦;不下堂而知四方。"①盖古之诗,非如后世文人学士所为,皆思妇劳人,郁结于中,脱口而出。故闻其辞可以知其意,因以知风俗之善恶,政教之得失焉。诗与政治之关系如此。至其关系身心,亦有可得而言者。陈氏澧《东塾读书记》曰:《汉书·艺文志》云:齐韩《诗》或取《春秋》,采杂说,咸非其本义。今本《韩诗外传》,有元至正十五年钱惟善《序》云:断章取义,有合于孔门商赐言诗之旨。②澧案《孟子》云:忧心悄悄,愠于群小,孔子也③,亦外传之体。《礼记》中《坊记》《中庸》《表记》《缁衣》《大学》引《诗》者,尤多似《外传》。盖孔门学《诗》者皆如此。其于《诗》义,洽熟于心,凡读古书,论古人古事,皆与《诗》义相触发,非后儒所能及。案读古书论古人古事如此,则其触发于身所涉历之际者可知。盖《诗》为文学,故其感人之力最伟,而有以移易其情性于不自知之间也。子曰:"《诗》三百,一言以蔽之,曰思无邪。"④又曰:"诗可以兴,可以观,可以群,可以怨。迩之事父,远之事君。"⑤又曰:"不学

---

① 宣公十五年。
② 案此指《论语》"贫而无谄""巧笑倩兮"两章。见《学而》《八佾》篇。
③ 案见《尽心下》篇。
④ 《论语·为政》。
⑤ 《论语·阳货》。

《诗》，无以言。"① 又曰："诵《诗》三百，授之以政，不达；使于四方，不能专对。虽多，亦奚以为？"②《诗》与身心之关系如此。

　　《书》之大义，读《孟子·万章上》篇，可以见其一端。此篇载万章之问曰："尧以天下与舜，有诸？"孟子曰："否。天子不能以天下与人。""然则舜有天下也，孰与之？"曰："天与之。"又问曰："人有言：至于禹而德衰，不传于贤而传于子。有诸？"孟子曰："否，不然也。天与贤，则与贤；天与子，则与子。"而所谓天者，仍以朝觐讼狱讴歌之所归为征验，而引《泰誓》"天视自我民视，天听自我民听"之言以明之。盖立君所以为民，一人不容肆于民上之义，实赖孟子而大昌。数千年来，专制淫威，受其限制不少。岂徒功不在禹下而已。然此非孟子之言，乃孔门书说也。何以知其然？以孟子之言，皆与《尚书大传》及《史记·五帝本纪》同。伏生固《尚书》大师，马迁亦从孔安国问故者也。《汉书·儒林传》："（兒）宽初见武帝，语经学。上曰：吾始以《尚书》为朴学，弗好。及闻宽说，可观。乃从宽问一篇。"可知《书》之大义，存于口说者多矣。

　　《礼经》十七篇，今称《仪礼》。以古文学家以《周官经》为大纲，以此书为细目故也。其实《周官经》乃政典，与此书之性质，绝不相同。③ 礼者，因人之情而为之节文，乃生活之法式。惟有礼，然后"富

---

① 《论语·季氏》。
② 《论语·子路》。
③ 《唐六典》《明清会典》，乃《周官经》之类。《开元礼》《政和五礼》《清通礼》，则《仪礼》之类。特多详王礼，非复以礼经为天下之达礼耳。

不足以骄，贫不至于约"①。非如后世，但有权力，有财产，便可无所不为也。今人多以礼为邻于压制，殊不知"礼之所尊，尊其义也"②。条文节目，本当随时变更，故曰："礼，时为大。"③后人执古礼之形式，以为天经地义，而礼乃为斯民之桎梏；逆人情而强行，非复因人情而为之节文矣。此诚为无谓，抑且有弊。然要不得因此并礼之原理而亦排摈之也。《礼经》十七篇，用诸丧、祭、射、乡、冠、昏、朝、聘④，实为天下之达礼。盖孔子因旧礼所修。其义则皆见于其传，如《礼记》之冠昏、乡射、燕聘诸义是，其言皆极粹美也。

《乐》无经。其义具见于《礼记》之《乐记》。此篇合十一篇而成，见疏。《吕览·仲夏纪》与之略同。盖儒家相传旧籍也。读之，可见乐以化民，及以礼乐陶淑身心之旨。

《易》与《春秋》，为孔门最高之学。《易纬·乾凿度》曰："易一名而含三义，所谓易也，变易也，不易也。"又云："易者其德也。光明四通，简易立节。天以烂明。⑤日月星辰，布设张列。通精无门，藏神无穴。不烦不扰，澹泊不失。""变易者其气也。天地不变，不能通气。""不易者其位也。天在上，地在下。"郑玄依此义，作《易赞》及《易论》云："《易》一名而含三义：易简一也，变易二也，不易三也。"⑥案变易，谓宇宙现象，无一非变动不居。所以戒执一而有穷变通久之义。不易则从至变之中，籀得其不变之则。

---

① 《礼记·坊记》。
② 《礼记·郊特牲》。
③ 《礼记·礼运》。
④ 说见邵氏懿辰《礼经通论》。
⑤ 此下疑夺一句。
⑥ 《周易正义·八论》论《易》之三名。

故致治之道，虽贵因时制宜，而仍有其不得与民变革者，所谓有改制之名，无改道之实；而亦彰往所以能知来，所由百世以俟圣人而不惑也。简易者，谓极复杂之现象，统驭于极简单之原理。莫或为之，曾不差忒。此则治法所以贵因任自然，而贱有为之法也。此为孔门哲学之根本。其他悉自此推演而出，亦皆可归纳于此。

《易》与《春秋》相表里。《易》籀绎人事，求其原于天道。《春秋》则根据天道，以定人事设施之准。所谓"《易》本隐以之显，《春秋》推见至隐"也。《春秋》之大义，在张三世，通三统。通三统者，言治法有忠质文之递嬗。故王者当封先代二王之后以大国，使服其服，行其礼乐，以保存其治法。待本朝治法之弊，而取用焉。其说见于《春秋繁露·三代改制质文》篇。《史记·高祖本纪赞》曰："夏之政忠。忠之敝，小人以野，故殷人承之以敬。敬之敝，小人以鬼，故周人承之以文。文之敝，小人以僿，故救僿莫若以忠。三王之道若循环，终而复始。"即此义也。张三世者，《春秋》二百四十年，分为三世：始曰据乱，继曰升平，终曰太平。据乱之世，内其国而外诸夏。升平之世，内诸夏而外夷狄。太平之世，远近大小若一。《春秋》所言治法，分此三等，盖欲依次将合理之治，推之至于全世界也。《易》与《春秋》皆首元。何君《公羊解诂》曰："《春秋》变一为元。元者，气也。无形以起，有形以分。造起天地，天地之始也。""《春秋》以元之气，正天之端；以天之端，正王之政；以王之政，正诸侯之即位；以诸侯之即位，正竟内之治。"此谓治天下当根据最高之原理，而率循之，以推行之，至乎其极也。

然则何者为孔子之所谓郅治乎？读《礼运》一篇，则知孔子之所慨想者，在于大同。而其行之之序，则欲先恢复小康，故其于政治，主尊君而抑臣。尊君抑臣，非主张君主专制。以是时贵族权大，陵虐小民者皆此辈，尊君抑臣，政出一孔，正所以使小民获苏息也。其于人民，主先富而后教。①孔子未尝言井田。然观其先富后教之说，则知孟子言先制民之产，而后设为庠序学校以教之，其说亦出孔子。教民之具，以礼乐为最重。以其能感化人心，范其行为，而纳诸轨物；非徒恃刑驱势迫，使之有所畏而不敢不然也。此盖其出于司徒之官之本色。

　　孔子之言治，大略如此，至其立身之道，则最高者为中庸。盖无论何时何地，恒有一点，为人之所当率循；而亦惟此一点，为人之所当率循；稍过不及焉，即非是。所谓"差之毫厘，谬以千里"也。修己治人，事虽殊而理则一。修己者，不外随时随地，求得其当守之一点而谨守之。所谓"择乎中庸，拳拳服膺而勿失之"也。治天下之道，亦不外乎使万物各当其位。能使万物各当其位，而后我之所以为我者，乃可谓毫发无遗憾。以人之生，本有将世界之事，措置至无一不善之责任，所谓"宇宙间事，皆吾性分内事"②也。故曰"能尽其性，则能尽人之性；能尽人之性，则能尽物之性；能尽物之性，则可以赞天地之化育；可以赞天地之化育，则可以与天地参"也。此以行为言。若以知识言，则重在发见真理。真理谓之诚。所谓"诚者天之道，思诚者人之道"③也。孟子曰："万物皆备于我矣，反身

---

① 见《论语·子路·子适卫》章。
② 陆象山之言。
③ 以上皆引《中庸》。

而诚,乐莫大焉。"① 即此理。

中庸之道,幡天际地,而其行之则至简易,所谓"君子素其位而行,不愿乎其外"也。"素富贵,行乎富贵;素贫贱,行乎贫贱;素夷狄,行乎夷狄;素患难,行乎患难;君子无入而不自得焉。在上位不陵下,在下位不援上,正己而不求于人,则无怨。上不怨天,下不尤人。故君子居易以俟命,小人行险以徼幸。"此以处己言也。以待人言,其道亦至简易,絜矩而已矣。《大学》曰:"所恶于上,毋以使下;所恶于下,毋以事上;所恶于前,毋以先后;所恶于后,毋以从前;所恶于右,毋以交于左;所恶于左,毋以交于右;此之谓絜矩之道。"待人之道,反求诸己而即得,此何等简易乎?然而行之,则终身有不能尽者矣。《中庸》曰:"子曰:君子之道四,丘未能一焉。所求乎子以事父,未能也。所求乎臣以事君,未能也。所求乎弟以事兄,未能也。所求乎朋友先施之,未能也。庸德之行,庸言之谨;有所不足,不敢不勉;有余,不敢尽。言顾行,行顾言。君子胡不慥慥尔。"终身行之而不能尽之道,只在日用寻常之间,为圣为贤,至于毫发无遗憾,举不外此,所谓"极高明而道中庸"也。孔子所以能以极平易之说,而范围中国之人心者数千年,以此。

孔子为大教育家,亦为大学问家。弟子三千,身通六艺者七十有二,私人教育之盛,前此未有也。孔子每自称"学不厌,教不倦",可见其诲人之勤。又曰:"不愤不启,不悱不发;举一隅,不以三隅反,则不复也。"亦可见其教学之善。《礼记·学记》一篇,所述虽多

---

① 《尽心上》。

古代遗法，亦必有孔门口说矣。孔子曰："吾尝终日不食，终夜不寝，以思无益，不如学也。"① 又曰："学而不思则罔，思而不学则殆。"② 可见其于理想及经验，无所畸重。古书中屡称孔子之博学。《论语》载达巷党人之言，亦曰："大哉孔子，博学而无所成名。"③ 然孔子对曾参及子贡，两称"吾道一以贯之"④，即其明征也。

孔子非今世所谓宗教家，然宗教家信仰及慰安之精神，孔子实饶有之，其信天及安命是也。孔子之所谓天，即真理之谓。⑤ 笃信真理而确守之，尽吾之力而行之；其成与不，则听诸天命焉。⑥ 虽极热烈之宗教家，何以过此？

此外孔子行事，足资矜式者尚多，皆略见《论语》中，兹不赘述。

附录一　六艺

六艺传自儒家，而《七略》别之九流之外。吾昔笃信南海康氏之说，以为此乃刘歆为之。歆欲尊周公以夺孔子之席，乃为此，以见儒家所得，亦不过先王之道之一端，则其所崇奉之《周官经》，其可信据，自在孔门所传六艺之上矣。由今思之，殊不其然。《七略》之别六艺于九流，盖亦有所本。所本惟何？曰：《诗》《书》《礼》《乐》，本大学设教之旧科。邃古大学与明堂同物。《易》与《春

---

① 《论语·卫灵公》。
② 《论语·为政》。
③ 《子罕》。
④ 《论语·里仁》《卫灵公》。
⑤ 《论语·八佾》：子曰："获罪于天，无所祷也。"《集注》曰："天即理也。"
⑥ 《论语·宪问》：子曰："道之将行也与？命也。道之将废也与？命也。"

秋》，虽非大学之所以教，其原亦出于明堂。儒家出于司徒。司徒者，主教之官，大学亦属矣。故其设教，仍沿其为官守时之旧也。

古有国学，有乡学。国学初与明堂同物，详见学制条。《王制》曰："乐正崇四术，立四教，顺先王诗书礼乐以造士。春秋教以礼乐，冬夏教以诗书。"诗书礼乐，追原其朔，盖与神教关系甚深。礼者，祀神之仪；乐所以娱神，诗即其歌辞；书则教中典册也。古所以尊师重道，"执酱而馈，执爵而酳""袒而割牲"，北面请益而弗臣，盖亦以其教中尊宿之故。其后人事日重，信神之念日澹，所谓诗书礼乐，已不尽与神权有关。然四科之设，相沿如故，此则乐正之所以造士也。惟儒家亦然。《论语》："子所雅言，诗书执礼。"①言礼以该乐。又曰："兴于诗，立于礼，成于乐。"②专就品性言，不主知识，故不及《书》。子谓伯鱼曰："学诗乎？""学礼乎？"③则不举《书》，而又以礼该乐。虽皆偏举之辞，要可互相钩考，而知其设科一循大学之旧也。

《易》与《春秋》，大学盖不以是设教。然其为明堂中物，则亦信而有征。《礼记·礼运》所言，盖多王居明堂之礼。而曰："王前巫而后史，卜筮瞽侑，皆在左右。"《春秋》者，史职，《易》者，巫术之一也。孔子取是二书，盖所以明天道与人事，非凡及门者所得闻。子贡曰："夫子之文章，可得而闻也。夫子之言性与天道，不可得而闻也。"④文章者，《诗》《书》《礼》《乐》之事；性与

---

① 《论语·述而》。
② 《论语·泰伯》。
③ 《论语·季氏》。
④ 《论语·公冶长》。

天道，则《易》道也。孔子之作《春秋》也，"笔则笔，削则削，子夏之徒，不能赞一辞"①。子夏之徒且不赞，况其下焉者乎？《孔子世家》曰："孔子以诗书礼乐教，弟子盖三千焉。身通六艺者，七十有二人。"此七十有二人者，盖于《诗》《书》《礼》《乐》之外，又兼通《易》与《春秋》者也。②

六艺之名，昉见《礼记·经解》。《经解》曰："孔子曰，入其国，其教可知也。其为人也，温柔敦厚，《诗》教也。疏通知远，《书》教也。广博易良，《乐》教也。絜静精微，《易》教也。恭俭庄敬，《礼》教也。属辞比事，《春秋》教也。故《诗》之失愚，《书》之失诬，《乐》之失奢，《易》之失贼，《礼》之失烦，《春秋》之失乱。"③曰"其教"，则其原出于学可知也。《繁露·玉杯》曰："君子知在位者之不能以恶服人也，是故简六艺以赡养之。《诗》《书》序其志，《礼》《乐》纯其义，《易》《春秋》明其知。"云"以赡养""在位"者，则其出于《大学》，又可知也。《繁露》又曰："六艺皆大，而各有所长。《诗》道志，故长于质。《礼》制节，故长于文。《乐》咏德，故长于风。《书》著功，故长于事。《易》本天地，故长于数。《春秋》正是非，故长于治人。"《史记·滑稽列传》及《自序》，辞意略同。④此孔门六艺之大义也。贾生《六术》及《道德说》，推

---

① 《史记·孔子世家》。
② 《孔子世家》曰："孔子晚而喜《易》。……读《易》，韦编三绝。曰：假我数年，若是，我于《易》则彬彬矣。"与《论语·述而》"加我数年，五十以学《易》，可以无大过矣"合。疑五十而知天命，正在此时。孔子好《易》，尚在晚年，弟子之不能人人皆通，更无论矣。
③ 《淮南子·泰族》："《易》之失也卦。《书》之失也敷。《乐》之失也淫。《诗》之失也辟。《礼》之失也责。《春秋》之失也刺。"
④ 《滑稽列传》曰："孔子曰：六艺于治一也。《礼》以节人，《乐》以发和，《书》

先秦学术概论

原六德，本诸道德性神明命，尤可见大学以此设教之原。古代神教，固亦自有其哲学也。

"《易》本隐以之显，《春秋》推见至隐。"二者相为表里，故古人时亦偏举。《荀子·劝学》曰："学恶乎始？恶乎终？曰：其数则始乎诵经，终乎读《礼》；其义则始乎为士，终乎为圣人，真积力久则入，学至乎没而后止也。""故《书》者，政事之纪也。《诗》者，中声之所止也。《礼》者，法之大分，类之纲纪也。故学至乎《礼》而止矣。夫是之谓道德之极。《礼》之敬文也，《乐》之中和也，《诗》《书》之博也，《春秋》之微也，在天地之间者毕矣。"古人诵读，皆主《诗》《乐》。① 始乎诵经，终乎读礼，乃以经该《诗》《乐》，与《礼》并言，犹言兴于《诗》，立于《礼》也。下文先以《诗》《书》并言，亦以《诗》该《乐》。终又举《春秋》，而云在天地之间者毕，可见《春秋》为最高之道。不言《易》者，举《春秋》而《易》该焉。犹《史记·自序》，六经并举，侧重《春秋》，非有所偏废也。《孟子》一书，极尊崇《春秋》，而不及《易》，义亦如此。②

以道事，《诗》以达意，《易》以神化，《春秋》以义"。《自序》曰："《易》著天地阴阳，四时五行，故长于变。《礼》经纪人伦，故长于行。《书》记先王之事，故长于政。《诗》记山川谿谷禽兽草木牝牡雌雄，故长于风。《乐》乐所以立，故长于和。《春秋》辨是非，故长于治人。是故《礼》以节人，《乐》以发和，《书》以道事，《诗》以达意，《易》以道化，《春秋》以道义。拨乱世反之正，莫近于《春秋》。"

① 详见《癸巳存稿·君子小人学道是弦歌义》。
② 《荀子·儒效》："《诗》言是其志也，《书》言是其事也，《礼》言是其行也，《乐》言是其和也，《春秋》言是其微也。"与贾子书道德说："《书》者，此之著者也；《诗》者，此之忘者也；《易》者，此之占者也；《春秋》者，此之纪者也；《礼》者，此之体者也；《乐》者，此之乐者也"，辞意略同，而独漏《易》，可见其系举一以见二，非有所偏废也。《汉书·艺文志》："六艺之文：《乐》以和神，仁之表也。《诗》以正言，义之用也。《礼》以明体，明者著见，故无训也。《书》以广听，知之术也。《春秋》以断事，信之符也。五者，盖五常之道，相须而备，而《易》为之原。故曰：《易》不可

· 66 ·

《庄子·徐无鬼》："女商曰：吾所以说吾君者，横说之则以诗书礼乐，从说之则以金版六弢。"金版六弢，未知何书，要必汉代金匮石室之伦，自古相传之秘籍也。《太史公自序》："余闻之先人曰：伏羲至纯厚，作《易》八卦。尧、舜之盛，《尚书》载之，礼乐作焉。汤、武之隆，诗人歌之。《春秋》采善贬恶，推三代之德，褒周室，非独刺讥而已也。"上本之伏羲、尧、舜三代，可见六艺皆古籍，而孔子取之。近代好为怪论者，竟谓六经皆孔子所自作，其武断不根，不待深辩矣。①

《庄子·天下》曰："以仁为恩，以义为理，以礼为行，以乐为和，薰然慈仁，谓之君子。"又曰："古之人其备乎？配神明，醇天地，育万物，和天下，泽及百姓。明于本数，系于末度，六通四辟，小大精粗，其运无乎不在。其明而在度数者，旧法世传之史，尚多有之。其在于《诗》《书》《礼》《乐》者，邹鲁之士，搢绅先生，多能明之。《诗》以道志，《书》以道事，《礼》以道行，《乐》以道和，《易》以道阴阳，《春秋》以道名分。其数散于天下，而设于中国者，百家之学时或称而道之。"以仁为恩指《诗》，以义为理指《书》，所谓薰然慈仁之君子，即学于大学之士也。此以言乎盛世。至于官失其守，则其学为儒家所传，所谓邹鲁之士，搢绅先生者也。上下相衔，《诗》以道志二十七字，决为后人记识之语，溷入本文者。

见，则乾坤或几乎息矣。言与天地为终始也。"至于五学，世有变改，犹五行之更用事焉。以五经分配五行，虽不免附会。然其独重《易》，亦可与偏举《春秋》者参观也。

① 《论衡·须颂》："问说书者：钦明文思以下，谁所言也？曰：篇家也。篇家谁也？孔子也。"此亦与《史记》谓孔子序书传之意同。非谓本无其物，而孔子创为之也，不可以辞害意。

· 67 ·

先秦学术概论

《管子·戒》篇："博学而不自反，必有邪，孝弟者，仁之祖也。忠信者，交之庆也。内不考孝弟，外不正忠信；泽其四经而诵学者，是亡其身者也。"尹注："四经，谓《诗》《书》《礼》《乐》。"其说是也。古所诵惟《诗》《乐》，谓之经。后引伸之，则凡可诵习者皆称经。《学记》："一年视离经辨志。"经盖指《诗》《乐》，志盖指《书》，分言之也。《管子》称四经，合言之也。可见《诗》《书》《礼》《乐》，为大学之旧科矣。旧法世传之史，盖失其义，徒能陈其数者，百家之学，皆王官之一守，所谓散于天下，设于中国，时或称而道之者也。亦足为《诗》《书》《礼》《乐》，出于大学之一旁证也。①

《诗》《书》《礼》《乐》《易》《春秋》，自人之学习言之，谓之六艺。自其书言之，谓之六经。《经解》及《庄子·天运》所言是也。《天运》曰："孔子谓老聃曰：丘治《诗》《书》《礼》《乐》《易》《春秋》六经。"老子曰："夫六经，先王之陈迹也，岂其所以迹哉？"亦可见六经确为先王之故物，而孔子述之也。②

六艺有二：一《周官》之礼、乐、射、御、书、数，一孔门之《诗》《书》《礼》《乐》《易》《春秋》也。信今文者，诋《周官》为伪书。信古文者，又以今文家所称为后起之义。予谓皆非也。《周官》虽六国阴谋之书，所述制度，亦必有所本，不能凭空造作也。《吕

---

① 《商君书·农战》："《诗》《书》《礼》《乐》善修仁廉辩慧，国有十者，上无使守战。"亦以《诗》《书》《礼》《乐》并举。
② 《庄子·天道》：孔子西藏书于周室，繙十二经以说。十二经不可考。《释文》引说者云：六经加六纬。一说：《易》上下经并十翼。又一云：《春秋》十二公经。皆未有以见其必然也。

· 68 ·

览·博志》："养由基、尹儒，皆文艺之人也。"文艺，一作六艺。文艺二字，古书罕见，作六艺者盖是。由基善射，尹儒学御，称为六艺之人，此即《周官》之制不诬之明证。予谓《诗》《书》《礼》《乐》《易》《春秋》，大学之六艺也。礼、乐、射、御、书、数，小学及乡校之六艺也。何以言之？曰：《周官》大司徒，以乡三物教万民而宾兴之，三曰六艺，礼、乐、射、御、书、数。此乡校之教也。保氏，"养国子以道，乃教之六艺：一曰五礼，二曰六乐，三曰五射，四曰五驭，五曰六书，六曰九数"。此小学之教也。《论语》："子曰：吾何执？执御乎？执射乎？吾执御矣。"① 谦，不以成德自居，而自齿于乡人也。②

《管子·山权数》："管子曰：有五官技。桓公曰：何谓五官技？管子曰：《诗》者，所以记物也。时者，所以记岁也。《春秋》者，所以记成败也。行者，道民之利害也。《易》者，所以守凶吉成败也。卜者，卜凶吉利害也。民之能此者，皆一马之田，一金之衣，此使君不迷妄之数也。六家者，即见其时。使豫。先蚤闲之日受之。故君无失时，无失策，万物兴丰无失利。远占得失，以为末教。《诗》记人无失辞，行殚道无失义，《易》守祸福凶吉不相乱，此谓君棊。"上云五官，下云六家，盖卜易同官也，此与《诗》《书》《礼》《乐》《易》《春秋》大同小异。盖东周以后，官失其守，民间顾有能通其技者，管子欲利田宅美衣食以蓄之也。此亦王官之学，散在民间之一证。

---

① 《子罕》。

② 六艺虽有此二义，然孔门弟子，身通六艺，自系指大学之六艺而言。不然，当时乡人所能，孔门能通之者，必不止七十二人也。

《新学伪经考》曰：史迁述六艺之《序》曰：《诗》《书》《礼》《乐》《易》《春秋》，西汉以前之说皆然。盖孔子手定之序。刘歆以《易》为首，《书》次之，《诗》又次之。后人无识，咸以为法。此其颠倒六经之序也。①以此为刘歆大罪之一。案《汉志》之次，盖以经之先后。《易》本伏羲，故居首。《书》始唐尧，故次之。以为颠倒六经之序，殊近深文。谓《诗》《书》《礼》《乐》《易》《春秋》之序，为孔子手定，亦无明据。予谓《诗》《书》《礼》《乐》，乃大学设教之旧科，人人当学，故居前。《易》《春秋》义较深，闻之者罕，故居后。次序虽无甚关系，然推原其朔，自以从西汉前旧次为得也。

附录二　经传说记

六经皆古籍，而孔子取以立教，则又自有其义。孔子之义，不必尽与古义合，而不能谓其物不本之于古。其物虽本之于古，而孔子自别有其义。儒家所重者，孔子之义，非自古相传之典籍也。此两义各不相妨。故儒家之尊孔子，曰："贤于尧舜远矣。"曰："自生民以来，未有孔子。"②而孔子则谦言"述而不作，信而好古"③。即推尊孔子者，亦未尝不以"祖述尧、舜，宪章文、武"④为言也。若如今崇信今文者之说，谓六经皆孔子所作，前无所承，则孔子何

---

① 《史记经说足证伪经考》；《汉书艺文志辨伪下》。
② 《孟子·公孙丑上》。
③ 《论语·述而》。
④ 《礼记·中庸》。

不作一条理明备之书，而必为此散无可纪之物？又何解于六经文字，古近不同，显然不出一手，并显然非出一时乎？若如崇信古学者之言，谓六经皆自古相传之物；孔子之功，止于抱遗订坠；而其所阐明，亦不过古先圣王相传之道，初未尝别有所得，则马、郑之精密，岂不真胜于孔子之粗疏乎？其说必不可通矣。

惟六经仅相传古籍，而孔门所重，在于孔子之义，故经之本文，并不较与经相辅而行之物为重。不徒不较重，抑且无相辅而行之物，而经竟为无谓之书矣。

与经相辅而行者，大略有三：传、说、记是也。《汉书·河间献王传》曰："献王所得，皆经、传、说、记，七十子之徒所论。"盖传、说、记三者，皆与经相辅而行；孔门所传之书，大略可分此四类也。

传、说二者，实即一物。不过其出较先，久著竹帛者，则谓之传；其出较后，犹存口耳者，则谓之说耳。陈氏澧曰："荀子曰：《国风》之好色也，其传曰：盈其欲而不愆其止。其诚可比于金石，其声可内于宗庙。"①据此，则周时《国风》已有传矣。《韩诗外传》亦屡称"传曰"。"《史记·三代世表》褚先生曰：《诗》传曰，汤之先为契，无父而生。此皆不知何时之传也。"②陈氏所引，实皆孔门《诗》传，谓不知何时之传者，误也。然孔子以前，《诗》确已自有传，《史记·伯夷列传》引轶《诗》传是也。以此推之，《孔子世家》称孔子"序《书》传"。"书传"二字，盖平举之辞。孔子序《书》，盖或取其本文，或取

---

① 《大略》篇。
② 《东塾读书记·六》。

先秦学术概论

传者之辞,故二十八篇,文义显分古近也。① 古代文字用少,书策流传,义率存于口说。其说即谓之传。凡古书,莫不有传与之相辅而行。其物既由来甚旧;而与其所传之书,又如辅车相依,不可阙一。故古人引用,二者多不甚立别;而传遂或与其所传之书,并合为一焉。②

《公羊》曰:"定哀多微辞,主人习其读而问其传,则未知己之有罪焉尔。"③ 古代文字用少,虽著之传,其辞仍甚简略,而又不

---

① 如《金縢》亦记周公之辞,其文义远较《大诰》等篇为平近。
② 汉人引据,经传不别者甚多。崔氏适《春秋复始》,论之甚详。今更略举数证。《孟子·万章》一篇,论舜事最多。后人多欲以补舜典。然《尚书》二十八篇为备,实不应有舜典,而完廪、浚井等事,亦见《史记·五帝本纪》。《五帝本纪》多同伏生《书》传。盖孟子、史公,同用孔门书说也。以此推之,《滕文公》篇引《书》曰"若药不瞑眩,厥疾不瘳";《论语·为政》孔子引《书》曰:"孝乎惟孝",亦皆《书》传文矣。《说文》旻部复下引《商书》曰:"高宗梦得说,使百工复求,得之傅岩。"语见《书·序》。盖《书》传文,而作序者窃取之。差以毫厘,谬以千里。见《易·系辞》。《系辞》释文云:王肃本有传字。案《太史公自序》,述其父谈论六家要旨,引《系辞》"一致而百虑,同归而殊途",谓之《易大传》,则王肃本是也。然《自序》又引毫厘千里二语称《易》曰,《大戴·保傅》《小戴·经解》亦然。此汉人引用,经传不别之证,故诸家之《易》,《系辞》下或无传字也。《孟子·梁惠王下》:"《诗》曰:王赫斯怒,爰整其旅,以遏徂莒,以笃周祜,以对于天下。此文王之勇也。文王一怒而安天下之民。《书》曰:天降下民、作之君,作之师。惟曰其助上帝,宠之四方。有罪无罪,惟我在,天下曷敢有越厥志?一人衡行于天下,武王耻之。此武王之勇也。而武王亦一怒而安天下之民。"此文王之勇也","此武王之勇也",句法相同,自此以上,皆当为《诗》《书》之辞。然"一人衡行于天下,武王耻之",实为后人称述武王之语。孟子所引,盖亦《书》传文也。传之为物甚古,故又可以有传。《论语》邢疏:汉武帝谓东方朔云,传曰:"时然后言,人不厌其言。"又成帝赐翟方进策书云,传曰:"高而不危,所以长守贵也。"是汉世通谓《论语》《孝经》为传。然《汉志》《鲁论》有传十九篇,《孝经》亦有杂传四篇。盖对孔子手定之书言,《论语》《孝经》皆为传;对传《论语》《孝经》者而言,则《论语》《孝经》,亦经比也。传之名不一。或谓之义,如《礼记·冠义》以下六篇是也。或谓之解,如《管子》之《明法解》,《韩非子》之《解老》是也。《礼记》之《经解》,盖通解诸经之旨,与《明法解》《解老》等专解一篇者,体例异而旨趣同,故亦谓之解也。《墨子·经说》,体制亦与传同,而谓之说,尤传与说本为一物之证。《孟子·梁惠王上》对齐宣王之问曰:"仲尼之徒无道桓、文之事者,是以后世无传焉。"下篇"齐宣王问曰:文王之囿,方七十里,有诸?孟子对曰:于传有之"。《管子·宙合》曰:"宙合有橐天地,其义不传。"此所谓传,并即经传之传也。《明法解》与所解者析为两篇。《宙合》篇前列大纲,后乃申释其义,则经传合居一简。古书如此者甚多。今所传《易》《系辞》下无传字,亦不能议其脱也。
③ 定公元年。

能无所隐讳若此，则不得不有藉于说明矣。《汉书·蔡义传》："诏求能为《韩诗》者。征义待诏。久不进见。义上疏曰：臣山东草莱之人，行能亡所比。容貌不及众，然而不弃人伦者，窃以闻道于先师，自托于经术也。愿赐清闲之燕，得尽精思于前。上召见义，说诗。甚说之。"又《儒林传》："（兒）宽初见武帝，语经学。上曰：吾始以《尚书》为朴学，弗好。① 及闻宽说，可观。乃从宽问一篇。"并可见汉世传经，精义皆存于说。汉儒所由以背师说为大戒也。凡说，率多至汉师始著竹帛。② 夏侯胜受诏撰《尚书》《论语说》。③ "刘向校书，考《易》说，以为诸家《易》说，皆祖田何、杨叔元、丁将军，大义略同，惟京氏为异，党焦延寿独得隐士之说，托之孟氏，不相与同"④ 是也。《汉书·王莽传》：莽上奏曰："殷爵三等，有其说，无其文。"又群臣请安汉公居摄如天子之奏曰："《书》曰：我嗣事子孙，大不克共上下，遏失前人光，在家不知命不易，天应棐谌，乃亡队命。《说》曰：周公服天子之冕，南面而朝群臣，发号施令，常称王命。召公贤人，不知圣人之意，故不说也。"然则说可引据，亦同于传。盖传即先师之说；说而著之竹帛，亦即与传无异耳。汉人为学，必贵师传，正以此故，刘歆等首唱异说，其所以攻击今文师者，实在"信口说而背传记，是末师而非往古"两语。而古文学家之学，远不逮今文师者，亦实以此。以其奋数人之私智，

---

① 朴，即老子"朴散而为器"之朴。《淮南·精神》注："朴，犹质也。"所谓木不斲不成器也。此可见经而无传，传而无说，即成为无谓之物。

② 以前此未著竹帛，故至汉世仍谓之说也。

③ 见《汉书·本传》。

④ 《汉书·儒林传》。

以求之传记，断不能如历世相传之说之精也。公孙禄劾歆："颠倒五经，毁师法。"①毁师法，即背师说也。

传附庸于经，记与经则为同类之物，二者皆古书也。记之本义，盖谓史籍。《公羊》僖公二年："宫之奇谏曰:《记》曰:唇亡而齿寒。"《解诂》："记，史记也。史记二字，为汉时史籍之通称，犹今言历史也。"《韩非子·忠孝》："记曰：舜见瞽瞍，其容造焉。孔子曰：当是时也，危哉，天下岌岌。"此语亦见《孟子·万章上》篇。咸丘蒙以问孟子，孟子斥为齐东野人之语。古亦称《史记》为语，可为《解诂》之证。记字所苞甚广。宫之奇、咸丘蒙所引，盖记言之史，小说家之流，其记典礼者，则今所谓《礼记》是也。记与礼实非异物，故古人引礼者或称记，引记者亦或称礼。②今《仪礼》十七篇。惟《士相见》《大射》《少牢馈食》《有司彻》四篇无记。③凡记皆记经所不备。兼记经外远古之言。郑注《燕礼》云："后世衰微，幽、厉尤甚。礼乐之书，稍稍废弃。盖自尔之后有记乎？"④《文王世子》引《世子之记》，郑注曰："世子之礼亡，此存其记。"盖著之竹帛之时，有司犹能陈其数；或虽官失其守，而私家犹能举其本末⑤，则谓之礼；而不然者，则谓之记耳。记之为物甚古。故亦自有传。⑥而《礼记》

---

① 《王莽传》。
② 《诗·采蘩》笺引《少牢馈食礼》称"礼记"。《聘礼》注引《聘义》作"聘礼"。又《论衡·祭意》引《礼记·祭法》，皆称"礼"。《礼记》中投壶奔丧，郑谓皆同逸礼；而《曲礼》首句，即曰"《曲礼》曰"，可见礼与记之无别也。
③ 宋儒熊氏朋来之说。
④ 《士冠礼》疏。
⑤ 如孺悲学士丧礼于孔子。
⑥ 《士冠礼》疏："《丧服记》子夏为之作传，不应自造还自解之。'记'当在子夏之前，孔子之时，未知定谁所录。"案古书多有传说，已见前。记之传，或孔门录是记者为之，或本有而录是记者并录之，俱未可定也。

又多引旧记也。①

传说同类，记以补经不备，传则附丽于经，故与经相辅而行之书，亦总称为"传记"。如刘歆《移太常博士》所言是也，《河间献王传》并称经传说记，传盖指古书固有之传而言，如前所引轶《诗》传及孔子所序之《书》传是。其孔门所为之传，盖苞括于说中。

大义存于"传"，不存于"经"，试举一事为证。《尧典》究有何义？非所谓《尚书》朴学者邪？试读《孟子·万章上》篇，则禅让之大义存焉。夷考伏生《书》传、《史记·五帝本纪》，说皆与孟子同，盖同用孔门《书》说也。②"传"不足以尽义，而必有待于说，试亦引一事为证。王鲁，新周，故宋，非《春秋》之大义乎？然《公羊》无其文也，非《繁露》其孰能明之。③古人为学，所以贵师承也。后人率重经而轻传说，其实二者皆汉初先师所传。若信今文，则先师既不伪经，岂肯伪传？若信古文，则今古文经，所异惟在文字，今文经正以得古文经而弥见其可信；经可信，传说之可信，亦因可见矣。或又谓经为古籍，据以考证古事，必较传为足据。殊不知孔门之经，虽系古籍，其文字，未必一仍其旧。试观《尧典》《禹贡》，文字反较殷盘、周诰为平易可知。而古籍之口耳相传，历久而不失

---

① 如《文王世子》引世子之记，又引记曰："虞夏商周，有师保，有疑丞"，云云。《祭统》引记曰："齐者不乐"；又引记曰："尝之日，发公室"，云云，皆是。

② 此等处，今人必谓伏生袭孟子，史公又袭伏生。殊不知古代简策，流传甚难；古人又守其师说甚固。异家之说，多不肯妄用，安得互相剿袭，如此之易。史公说尧舜禅让，固同孟子矣。而其说伊尹，即以割烹要汤为正说，与孟子正相反，何又忽焉立异乎？可见其说禅让事，乃与孟子所本者同，而非即用孟子矣。经义并有儒家失传，存于他家书中者。《吕览》多儒家言，予别有考。今《尚书·甘誓》，徒读其本文，亦绝无意义。苟与《吕览》先已看看，则知孔子之序是篇，盖取退而修德之意矣。

③ 见《三代改制质文》篇。案亦见《史记·孔子世家》。又《乐纬·动声仪》，有先鲁后殷，新周、故宋之文，见《文选》潘安仁《笙赋》注。

其辞者，亦未必不存于传、说、记之中也。然则欲考古事者，偏重经文，亦未必遂得矣。①

翼经之作，见于《汉志》者曰外传，曰杂传，盖掇拾前世之传为之。②曰传记，曰传说，则合传与记说为一书者也。曰说义，盖说之二名。曰杂记，则记之杂者也。曰故，曰解故，以去古远，故古言有待训释，此盖汉世始有。曰训诂，则兼训释古言及传二者也。③

《汉志》：《春秋》有《左氏微》二篇，又有《铎氏微》三篇，《张氏微》十篇，《虞氏微传》二篇。微，盖即定、哀多微辞之微，亦即刘歆移太常博士，所谓仲尼没而微言绝者也。定、哀之间，辞虽微，而其义则具存于先师之口说，何绝之有？易世之后，忌讳不存，举而笔之于书，则即所谓传也。安用别立微之名乎？今《左氏》具存，解经处极少，且无大义，安有微言？张氏不知何人。铎氏，注曰："楚太傅铎椒。"虞氏，注曰："赵相虞卿。"《史记·十二诸侯年表》曰铎椒为楚威王傅，为王不能尽观《春秋》，采取成败，卒四十章，

---

① 《史记·孔子世家》："孔子在位听讼，文辞有可与人共者，不独有也。至于为《春秋》，笔则笔，削则削，子夏之徒，不能赞一辞。"《公羊》昭十二年疏，引《春秋》说云：孔子作《春秋》，一万八千字，九月而书成。以授游夏之徒。游夏之徒，不能改一字。然则相传以为笔削皆出孔子者，惟《春秋》一经。余则删定之旨，或出孔子，其文辞，必非孔子所手定也，即游夏不能改一字。亦以有关大义者为限。若于义无关，则文字之出入，古人初不深计。不独文字，即事物亦有不甚计较者。吕不韦聚宾客著书，既成，布咸阳市门，县千金其上，延诸侯游士宾客，有能增损一字予千金。高诱注多摘其误，谓扬子云恨不及其时，车载其金。殊不知不韦所求，亦在能纠正其义；若事物之误，无缘举当时游士宾客，不及一扬子云也。子云既沾沾自喜，高诱又津津乐道，此其所以适成为子云及高氏之见也。

② 《汉书·儒林传》："韩婴推诗人之意而作内外传数万言。"又曰："韩生亦以《易》授人，推《易》意而为之传。"一似其传皆自为之者。然《韩诗外传》见存，大抵证引成文，盖必出自前人，乃可谓之传也。

③ 《毛传》释字义处为诂训。间有引成文者，如《小弁》《绵》之引《孟子》，《行苇》之引《射义》，《瞻印》之引《祭义》，《宫》之引《孟仲子》，则所谓传也。

为《铎氏微》。赵孝成王时，其相虞卿，上采《春秋》，下观近势，亦著八篇，为《虞氏春秋》。二书与孔子之《春秋》何涉？铎氏之书自名微，非其书之外，别有所谓微者在也。今乃举左氏、张氏、虞氏之书，而皆为之微；虞氏且兼为之传，其为妄人所托，不问可知。犹之附丽于经者为传说，补经之不备者为记，本无所谓纬，而汉末妄人，乃集合传说记之属，而别立一纬之名也。要之多立名目以自张，而排斥异己而已。故与经相辅而行之书，实尽于传、说、记三者也。

传、说、记三者，自以说为最可贵。读前文自见。汉世所谓说者，盖皆存于章句之中。章句之多者，辄数十百万言；而《汉书》述当时儒学之盛，谓"一经说至百万余言"①，可知章句之即说。枝叶繁滋，诚不免碎义逃难，博而寡要之失。然积古相传之精义，则于此存焉。郑玄释《春秋运斗枢》云："孔子虽有盛德，不敢显然改先王之法，以教授于世，阴书于纬，以传后王。"②古代简策繁重，既已笔之于书，夫复安能自秘？其为窃今文家口授传指之语，而失其实，不问可知。③然纬之名目虽妄，而其为物，则固为今文经说之荟萃。使其具存，其可宝，当尚在《白虎通义》之上也。乃以与讦相杂，尽付一炬，亦可哀矣。

---

① 《儒林传》。
② 《王制正义》。
③ 《文选·刘歆移太常博士》注："《论语谶》曰：子夏六十四人，共撰仲尼微言。"此造纬者之自道也。

第三节 曾 子

孔门诸子，达者甚多。然其书多不传于后。其有传而又最见儒家之精神者，曾子也。今先引其行事三则，以见其为人。

《论语·泰伯》："曾子有疾，召门弟子曰：启予足！启予手！《诗》曰：战战兢兢，如临深渊，如履薄冰。而今而后，吾知免夫！小子！"

《礼记·檀弓》："曾子寝疾，病。乐正子春坐于床下，曾元、曾申坐于足，童子隅坐而执烛。童子曰：华而睆，大夫之箦与？子春曰：止。曾子闻之，瞿然曰：呼。曰：华而睆，大夫之箦与？曾子曰：然，斯季孙之赐也，我未之能易也。元起易箦。曾元曰：夫子之病革矣，不可以变。幸而至于旦，请敬易之。曾子曰：尔之爱我也不如彼。君子之爱人也以德，细人之爱人也以姑息。吾何求哉？吾得正而毙焉，斯已矣。举扶而易之，反席未安而没。"

又："子夏丧其子而丧其明。曾子吊之。曰：吾闻之也，朋友丧明则哭之。曾子哭，子夏亦哭，曰：天乎！予之无罪也。曾子怒曰：商，女何无罪也？吾与女事夫子于洙泗之间，退而老于西河之上，使西河之民，疑女于夫子，尔罪一也。丧尔亲，使民未有闻焉，尔罪二也。丧尔子，丧尔明，尔罪三也。而曰：女何无罪与？子夏投其杖而拜，曰：吾过矣！吾过矣！吾离群而索居，亦已久矣夫！"[①]

[①] 夫字当属此句。今人属下"昼居于内"读，非也。

前两事见其律己之精严，后一事见其待人之刚毅。此等盖皆儒家固有之风概，非必孔子所教也。大凡封建及宗法社会中人，严上之精神，最为诚挚；而其自视之矜重，亦异寻常。此皆社会等级之制，有以养成之也。人之知识不高，而性情笃厚者，于社会公认之风俗，守之必极严。至于旷代之哲人，则必能窥见风俗之原，断不视已成之俗为天经地义。故言必信，行必果，孔子称为硁硁然小人。[1] 以其为一节之士也。曾子盖知识不高，性情笃厚者，故窃疑其所操持践履，得诸儒家之旧风习为多，得诸孔子之新教义者为少也。

儒家所传《孝经》，托为孔子启示曾子之辞，未知信否。[2] 然曾子本以孝行见称，其遗书中论孝之语亦极多，即出依托，亦非无因，此亦可见其受宗法社会陶冶之深也。《曾子书》凡十篇，皆在《大戴记》中。《立事》《制言上中下》《疾病》，皆恐惧修省之意，与前所引之事，可以参看。《大孝》篇同《小戴》中《祭义》《本孝》《立孝》《事父母》，意亦相同，《天圜》篇：单居离问于曾子曰："天圜而地方者，诚有之乎？"曾子曰："如诚天圜而地方，则是四角不掩也。"今之谈科学者，颇乐道之。然天圜地方，本哲学家语，犹言天动地静，指其道非指其形。若论天地之形，则盖天浑天之说，本不谓天圜而地方，初不待此篇为之证明也。

曾子为深入宗法社会之人，故于儒家所谓孝道者，最能身体力行，又能发挥尽致，此是事实。然如胡适之《中国哲学史大纲》谓

---

[1] 见《论语·子路》。
[2] 古人文字，往往设为主客之辞；而其所设主客，又往往取实有之人，不必如西汉人造作西都宾、东都主人、乌有先生等称谓也。此盖班志所谓依托。后人概诋为伪造，其实亦与伪造有别也。

孔门之言孝，实至曾子而后圆满，则又非是。学问亦如事功，有其创业及守成之时代。创业之世，往往异说争鸣，多辟新见。守成之世，则谨守前人成说而已。人之性质，亦有有所创辟者，有仅能谨守前人之说者，昔人所谓作者述者是也。学问随时代而变化，立说恒后密于前，通长期而观之，诚系如此。若在短时期之中，则有不尽然者。岂惟不能皆度越前人，盖有并前人之成说而不能保守者矣。自孔子以后，直至两汉时之儒学，即系如此。试博考儒家之书可知。近人多泥进化之说，谓各种学说，皆系逐渐补苴添造而成。殊不知论事当合各方面观之，不容泥其一端也。夫但就现存之书观之，诚若孔门之言孝，至曾子而益圆满者，然亦思儒家之书，存者不及什一。岂可偏据现存之书，即谓此外更无此说乎？两汉人说，大抵陈陈相因。其蓝本不存者，后世即皆谓其所自为。偶或偏存，即可知其皆出蹈袭。如贾、晁奏议，或同《大戴》，或同《管子》是也。两汉如此，而况先秦？岂得断曾子之说，为非孔子之言邪？[1]

儒家论孝之说，胡适之颇訾之，谓其能消磨勇往直前之气。引"王阳为益州刺史，行至邛郲九折阪，叹曰：奉先人遗体，奈何数乘此险？后以病去"为证。然曾子曰："战陈无勇非孝也"[2]，乃正教人以勇往冒险，何邪？盖封建时代之士夫，率重名而尚气。即日诏以父母之当奉养，临难仍以奋不顾身者为多。《曾子》曰："孝有三：大孝尊亲，其次不辱，其下能养"[3]，是也。封建时代渐远，商业资本

---

[1] 不徒不能断为非孔子之言，或其言并不出于孔子，乃宗法社会旧有之说，当时之儒者传之，孔子亦从而称诵之，未可知也。

[2]《祭义》。

[3]《祭义》。

大兴，慷慨矜愤之气，渐即消亡，人皆轻虚名而重实利，即日日提倡非孝，亦断无勇往冒险者。此自关社会组织之变迁，不能归咎于儒家之学说也。胡君又谓曾子之言，皆举孝字以摄诸德，一若人之为善，非以其为人故，乃以其为父母之子故。此自今日观之，诚若可怪，然又须知古代社会，通功易事，不如后世之繁；而惇宗收族，则较后世为切。故并世之人，关系之密难见；而过去之世，佑启之迹转深。又爱其家之念切，则各欲保持其家声，追怀先世之情，自油然不能自已。此亦其社会之组织为之，非儒家能造此说。予故疑曾子之说，不徒不出自曾子，并不必出于孔子，而为其时儒者固有之说也。

第四节　孟　子

　　孔子弟子著名者，略见《史记·仲尼弟子列传》。自孔子没后至汉初，儒学之盛衰传授，略见《史记·儒林列传》。然皆但记其事迹，不及其学说。儒家诸子，除二《戴记》中收容若干篇外，存者亦不多。其最有关系者，则孟、荀二子也。而孟子之关系尤大。

　　孟子，《史记》云："受业子思之门人。"子思，《孔子世家》言其作《中庸》，《隋书·经籍志》言《表记》《坊记》《缁衣》皆子思作。《释文》引刘瓛则谓《缁衣》为公孙尼子作。未知孰是。要之《中庸》为子思作，则无疑矣。《中庸》为孔门最高之道，第二节已论之。今故但论孟子。

　　孟子之功，在发明民贵君轻之义。此实孔门《书》说，已见第二节。然《书》说今多阙佚，此说之能大昌于世，实孟子之力也。次则道性善。

先秦论性，派别颇繁。见于《孟子》书者，凡得三派：一为告子，谓性无善无不善。二三皆但称或人，一谓性可以为善，可以为不善；一谓有性善，有性不善。皆因公都子之问而见，见《告子上》篇。

如实言之，则告子之说，最为合理。凡物皆因缘际会而成，人性亦犹是也。人性因行为而见，行为必有外缘，除却外缘，行为并毁，性又何从而见？告子曰："性，犹湍水也，决诸东方则东流，决诸西方则西流。人性之无分于善不善也，犹水之无分于东西也。"此说最是。性犹水也；行为犹流也；决者，行为之外缘，东西其善恶也。水之流，不能无向方。人之行为，不能无善恶。既有向方，则必或决之。既有善恶，则必有为之外缘者。问无决之者，水之流，向方若何？无外缘，人之行为，善恶如何？不能答也。必欲问之，只可云：是时之水，有流性而无向方；是时之性，能行而未有善恶之可言而已。佛家所谓"无明生行"也。更益一辞，即成赘语。孟子驳之曰："水，信无分于东西，无分于上下乎？人性之善也，犹水之就下也。人无有不善，水无有不下。今夫水，搏而跃之，可使过颡；激而行之，可使在山；是岂水之性哉？其势则然也。人之可使为不善，其性亦犹是也。"误矣。水之过颡在山，固由搏激使然，然不搏不激之时，水亦自有其所处之地，此亦告子之所谓决也。禹疏九河瀹济漯而注之海，决汝汉排淮泗而注之江，固决也；亚洲中央之帕米尔，地势独高于四方，于其四面之水，亦决也。月球吸引，能使水上升；地球吸引，能使水下降；皆告子所谓决也。设想既无地球，亦无月球，又无凡诸吸引之一切力，而独有所谓水者，试问此水，将向何方？孟子能言之乎？故孟子之难，不中理也。

"可以为善，可以为不善"，盖世硕等之说。《论衡·本性》云："周人世硕以为人性有善有恶。举人之善性，养而致之，则善长；恶性，养而致之，则恶长。……故世子作《养性书》一篇。宓子贱、漆雕开、公孙尼子之徒，亦论情性，与世子相出入。"董仲舒之论性也，谓天两有阴阳之施，人亦两有贪仁之性，亦是说也。① 此说与告子之说，其实是一。董子论性，本诸阴阳。其论阴阳，则以为一物而两面，譬诸上下，左右，前后，表里。② 然则举此不能无彼，相消而适等于无，仍是无善无恶耳。故告子谓"生之谓性"，董子亦谓"如其生之自然之资谓之性"，如出一口也。然其意同而其言之有异者，何也？盖此派之说，非徒欲以明性，并欲勉人为善也。夫就性之体言之，则无所谓善恶；就人之行为言，则有善亦有恶；此皆彰明较著无可辩论之事实。而人皆求善去恶之心，亦莫知其所以然而然，而人莫不然。此皆无可再推，只能知其如是而已。董子就其可善可恶者而譬诸阴阳，就其思为善去恶者，而譬诸天道之禁阴，此即佛家以一心开真如生灭两门，谓无明熏真如而成迷，真如亦可还熏无明而成智也。告子曰："性犹杞柳也，义犹杯棬也，以人性为仁义，犹以杞柳为杯棬。"此即董子禾米、卵雏、茧丝之喻。特米成而禾不毁，杯棬则非杞柳所自为，其喻不如董子之善，故招孟子"戕贼人以为仁义"之难耳。

"有性善有性不善"，其说最低。盖善恶不过程度之差，初非性质之异，固不能有一界线焉，以别其孰为善，孰为恶也。故此说

---

① 董子论性，见《春秋繁露》《深察名号》《实性》两篇。
② 见《繁露·基义》。

先秦学术概论

不足论。

　　据理论之，告子之说，固为如实；然孟子之说，亦不背理。何者？孟子据人之善端而谓性为善，夫善端固亦出于自然，非由外铄也。孟子谓恻隐、羞恶、辞让、是非之心，为人所同具，而又为良知良能，不待学，不待虑。夫此四端，固圣人之所以为圣人者。然则我之未能为圣人，特于此四端，尚未能扩而充之耳；谓圣人之所以为圣人之具，而我有所欠阙焉，夫固不可。故曰："圣人与我同类者。"又曰："富岁子弟多赖，凶岁子弟多暴，非天之降材尔殊也，其所以陷溺其心者然也。"①后来王阳明创致良知之说，示人以简易直捷，超凡入圣之途，实孟子有以启之。其有功于世道人心，固不少也。

　　孟子之大功，又在严义利之辨。首篇载孟子见梁惠王。王曰："叟，不远千里而来，亦将有以利吾国乎？"孟子即对曰："王，何必曰利，亦有仁义而已矣。"《告子》篇载秦楚构兵，宋将说而罢之，曰："我将言其不利也。"孟子又曰："先生之志则大矣，先生之号则不可。"以下皆极言仁义之利，言利之反足以招不利。然非谓为仁义者，乃以其终可得利而为之；戒言利者，乃以其终将失利而戒之也。苟如是，则仍是言利矣。故又曰："鸡鸣而起，孳孳为利者，跖之徒也。鸡鸣而起，孳孳为义者，舜之徒也。欲知舜与跖之分，无他，利与善之间也。"又曰："生亦我所欲也，义亦我所欲也，二者不可得兼，舍生而取义者也。"其持之之严如此。为义虽可得利，为义者则不当计利，此即董子"正其谊不谋其利"之说也。此亦孔门成说，《论语》

---

① 《告子上》。

"君子喻于义，小人喻于利"十字，已足苞之，特至孟子，乃更发挥透彻耳。义利之辨，正谊不谋利之说，最为今之恃功利论者所诋訾。然挟一求利之心以为义，终必至于败坏决裂而后已。此今之所谓商业道德，而昔之所谓市道交者也，几见有能善其后者乎？孟子之说，能使人心由此而纯，其有功于社会，亦不少也。

孟子论政治，首重制民之产。必先有恒产，而后能有恒心，此即孔门先富后教之义。其行之之法，则欲恢复井田。凡先秦诸子，无不以均平贫富，使民丰衣足食为首务者。其方法则互异。主张恢复井田者，孟子也；开阡陌以尽地利者，商鞅也。主去关市之征，弛山泽之禁者，孟子也；主管盐铁，官山海，制轻重敛散之权者，管子也。① 盖一主修旧法，一主立新法耳。此为儒法二家之异。直至汉世，贤良与桑弘羊之辩，犹是此二派之争也。②

孟子修养功夫，尽于其告公孙丑二语，曰："我知言，我善养吾浩然之气。"知言者，知识问题；养气者，道德问题也。"何谓知言？曰：诐辞，知其所蔽；淫辞，知其所陷；邪辞，知其所离；遁辞，知其所穷。"于事之非者，不徒知其非，且必明烛其非之所以然，此由其用心推考者深，故能如是也。孟子曰："君子深造之以道，欲其自得之也。自得之，则居之安；居之安，则资之深；资之深，则取之左右逢其原。"可见孟子之于知识，皆再三体验而得，迥异口耳之传，浮光掠影者矣。其论浩然之气曰："其为气也，至大至刚，以直养而无害，则塞于天地之间。"其论养之之术，则曰："是集

---

① 参看第八章。
② 见《盐铁论》。

义所生者，非义袭而取之也。行有不慊于心。则馁矣。"其功夫尤为坚实。孟子所以能"居天下之广居，立天下之正位，行天下之达道"，"富贵不能淫，贫贱不能移，威武不能屈"，皆此集义之功夫为之也。

"穷则独善其身，达则兼善天下。""禹稷颜子，易地则皆然。"出处进退之间，一一衷之于义，无丝毫急功近名之心，亦无丝毫苟安逃责之念，此即所谓"居易以俟命"者，故孟子确为子思之嫡传也。孟子曰："广土众民，君子欲之，所乐不存焉。中天下而立，定四海之民，君子乐之，所性不存焉。君子所性，虽大行不加焉，虽穷居不损焉，分定故也。"① 分者，我在宇宙间所处之地位。处乎何等地位，即作何等事业。行云流水，一任自然，而我初无容心于其间。则所处之境，尽是坦途。人人如此，则天下无一勉强之事，而决无后祸矣。此实与道家养生之论相通。可参看第一章第四节。

第五节 荀 子

荀子之书，其出较晚，而多杂诸子传记之辞。其书专明礼，而精神颇近法家。案古无所谓法，率由之轨范曰礼，出乎礼则入乎刑，礼家言之与法家相类，亦固其所。顾孔子言："道之以政，齐之以刑，民免而无耻。道之以德，齐之以礼，有耻且格。"② 则礼与刑之间，亦不能无出入。盖一则导之向上，一则专恃威力以慑服之耳。荀子之书，狭隘酷烈之处颇多。孔门之嫡传，似不如是。故予昔尝疑为

---

① 《尽心上》。
② 《论语·为政》。

较早出之《孔子家语》也。①

　　荀子最为后人所诋訾者，为其言性恶。其实荀子之言性恶，与孟子之言性善，初不相背也。伪非伪饰之谓，即今之为字。②荀子谓"人性恶，其善者伪"，乃谓人之性，不能生而自善，而必有待于修为耳。故其言曰："途之人可以为禹则然，途之人之能为禹，则未必然也。"譬之足，可以遍行天下，然而未有能遍行天下者。夫孟子谓性善，亦不过谓途之人可以为禹耳。其谓"生于人之情性者，感而自然，不待事而后生；感而不能然，必待事而后然者谓之伪"，则孟子亦未尝谓此等修为之功，可以不事也。后人误解伪字，因以诋諆荀子，误矣。

　　荀子之言治，第一义在于明分。《王制》篇曰："人力不若牛，走不若马，而牛马为用，何也？曰：人能群，彼不能群也。人何以能群？曰：分。分何以能行？曰：义。义以分则和，和则一，一则多力，多力则强，强则胜物。"③"群而无分则争，争则乱，乱则离，离则弱，弱则不能胜物。""君者，善群也。群道当，则万物皆得其宜，六畜皆得其长，群生皆得其命。"《富国》篇曰："天下害生纵欲。欲恶同物，欲多而物寡，寡则必争矣。故百技所成，所以养一人也。

---

① 见拙撰《经子解题》。
② 为之本义为母猴。盖动物之举动，有出于有意者，有不待加意者。其不待加意者，则今心理学家所谓本能也。其必待加意者，则《荀子》书所谓"心虑而能为之动谓之伪，虑积焉、能习焉而后成谓之伪"；杨注所谓"非天性而人作为之"者也。动物举动，多出本能。惟猿猴知识最高，出乎本能以外之行动最多，故名母猴曰为。其后遂以为人之非本能之动作之称。故为字之本义，实指有意之行动言；既不该本能之动作，亦不涵伪饰之意也。古用字但主声，为伪初无区别。其后名母猴曰为之语亡，为为母猴之义亦隐，乃以为为作为之为，伪为伪饰之伪。此自用字后起之分别，及字义之迁变。若就六书之例言之，则既有伪字之后，作为之为，皆当作伪；其仍作为者，乃省形存声之例耳。
③ 胜，平声。物，事也。

而能不能兼技，人不能兼官；离居不相待则穷，群而无分则争。穷者患也，争者祸也。救患除祸，则莫若明分使群矣。"又曰："足国之道：节用裕民，而善臧其余。""上以法取焉，而下以礼节用之。""量地而立国，计利而畜民，度人力而授事。使民必胜事，事必出利，利足以生民。皆使衣食百用，出入相掩，必时臧余，谓之称数。"夫总计一群之所需，而部分其人以从事焉，因以定人之分职，大同小康之世，皆不能不以此为务，然而有异焉者：大同之世，荡荡平平，绝无阶级，人不见有侈于己者，则欲不萌，人非以威压故而不敢逾分，则其所谓分者，不待有人焉以守之而自固。此大同之世，所以无待于有礼。至于小康之世，则阶级既萌，劳逸侈俭，皆不平等。人孰不好逸而恶劳？孰不喜奢而厌俭？则非制一礼焉，以为率由之轨范，而强人以守之不可。虽率循有礼，亦可以致小康，而已落第二义矣。此孔子所以亟称六君子之谨于礼，而终以为不若大道之行也。荀子所明，似偏于小康一派，故视隆礼为极则，虽足矫乱世之弊，究有惭于大同之治矣。

大同之世，公利与私利同符，故其趋事赴功，无待于教督。至小康之世，则不能然，故荀子最重人治。《天论》篇曰："天行有常，不为尧存，不为桀亡。应之以治则吉，应之以乱则凶。强本而节用，则天不能贫；养备而动时，则天不能病；循道而不贰，则天不能祸。故水旱不能使之饥，寒暑不能使之疾，妖怪不能使之凶。""天有其时，地有其财，人有其治，夫是之谓能参。舍其所以参，而愿其所参，则惑矣。"其言虽不免有矜厉之气，要足以愧末世之般乐怠敖者也。

荀子专隆礼，故主张等级之治。其言曰："夫贵为天子，富有天下，是人情之所同欲也。然则从人之欲，则势不能容，物不能赡也。故先王案为之制礼义以分之，使有贵贱之等，长幼之差，知愚能不能之分，皆使人载其事而各得其宜，是夫群居和一之道也。故仁人在上，则农以力尽田，贾以察尽财，百工以巧尽械器。士大夫以上至于公侯，莫不以仁厚知能尽官职，夫是之谓至平。故或禄以天下而不自以为多，或监门御旅，抱关击柝，而不自以为寡。故曰：斩而齐，枉而顺，不同而一。夫是之谓人伦。"①其言似善矣。然岂知大同之世，"人不独亲其亲，不独子其子""货恶其弃于地也，不必藏于己；力恶其不出于身也，不必为己"，则虽出入鞅掌，而亦不自以为多；虽偃仰笑敖，而亦不自以为寡。既无人我之界，安有功罪可论？又安有计劳力之多寡，以论报酬之丰啬者邪？

隆礼则治制必求明备，故主法后王。所谓后王，盖指三代。书中亦屡言法先王，盖对当时言之则称先王，对五帝言之则称后王也。《非相》篇曰："欲观圣王之迹，则于其粲然者矣，后王是也。""五帝之外无传人，非无贤人也，久故也。五帝之中无传政，非无善政也，久故也。禹、汤有传政，而不若周之察也，非无善政也，久故也。传者久则论略，近则论详。②略则举大，详则举小。"此其法后王之故也。有谓古今异情，治乱异道者，荀子斥为妄人。驳其说曰："欲观千岁，则数今日。欲知亿万，则审一二。欲知上世，则审周道。"此似于穷变通久之义，有所未备者。殊与《春秋》通三统之义不合。故知荀子之论，每失之狭隘也。

----

① 《荣辱》。
② 《韩诗外传》"论"作"愈"。

其狭隘酷烈最甚者，则为非象刑之论。其说见于《正论》篇。其言曰："世俗之为说者曰：治古无肉刑而有象刑。……是不然。以为治邪？则人固莫敢触罪，非独不用肉刑，亦不用象刑矣。以为轻刑邪？人或触罪矣，而直轻其刑，然则是杀人者不死，伤人者不刑也。罪至重而刑至轻，庸人不知恶矣。乱莫大焉。凡刑人之本，禁暴恶恶，且征其未也。杀人者不死，而伤人者不刑，是谓惠暴而宽贼也，非恶恶也。故象刑殆非生于治古，并起于乱今也。治古不然。凡爵列官职，赏庆刑罚皆报也，以类相从者也。一物失称，乱之端也。""杀人者死，伤人者刑，是百王之所同也，未有知其所由来者也。刑称罪则治，不称罪则乱。故治则刑重，乱则刑轻。犯治之罪固重，犯乱之罪固轻也。《书》曰：刑罚世轻世重。此之谓也。"案《尚书大传》言："唐虞上刑赭衣不纯，中刑杂屦，下刑墨幪。"此即汉文帝十三年除肉刑之诏，所谓"有虞氏之时，画衣冠异章服以为戮，而民弗犯"者，乃今文《书》说也。古代社会，组织安和，风气诚朴，人莫触罪，自是事实。今之治社会学者，类能言之。赭衣塞路，囹圄不能容，乃社会之病态。刑罚随社会之病态而起，而繁，乃显然之事实，古人亦类能言之，何莫知其所由来之有？荀子所说，全是末世之事，乃转自托于《书》说，以攻《书》说，谬矣。此节《汉书·刑法志》引之。汉世社会，贫富不平，豪桀犯法，狱讼滋多。惩其弊者，乃欲以峻法严刑，裁抑一切。此自救时之论，有激而云。若谓先秦儒家，有此等议论，则似远于情实矣。予疑《荀子》书有汉人依托处，实由此悟入也。

《荀子》书中，论道及心法之语最精。此实亦法家通常之论。

盖法家无不与道通也,《管子》书中,正多足与《荀子》媲美者。特以《荀子》号称儒书;而其所引《道经》,又适为作伪《古文尚书》者所取资,故遂为宋儒理学之原耳。然《荀子》此论,实亦精绝。今摘其要者如下:《天论》篇曰:"天职既立,天功既成,形具而神生。好恶喜怒哀乐臧焉,夫是之谓天情。耳目鼻口形能各有接而不相能也,夫是之谓天官。心居中虚,以治五官,夫是之谓天君。财非其类以养其类,夫是之谓天养。顺其类者谓之福,逆其类者谓之祸,夫是之谓天政。""圣人清其天君,正其天官,备其天养,顺其天政,养其天情,以全其天功。如是,则知其所为,知其所不为矣,则天地官而万物役矣。"此从一心推之至于至极之处,与《中庸》之"致中和,天地位焉,万物育焉"同理。道家亦常有此论。此儒道二家相通处也。《解蔽》篇曰:"故治之要,在于知道。人何以知道?曰:心。心何以知?曰:虚壹而静。""虚壹而静,谓之大清明。万物莫形而不见,莫见而不伦,莫伦而失位。""心者,形之君也而神明之主也,出令而无所受令。自禁也,自使也,自夺也,自取也,自行也,自止也。故口可劫而使墨云,形可劫而使诎申,心不可劫而使易意,是之则受,非之则辞。故曰:心容,其择也无禁,必自见。其物也杂博,其情之至也不贰。类不可两也,故知者择一而壹焉。农夫精于田而不可以为田师。贾精于市,而不可以为市师。工精于器而不可以为器师。有人也,不能此三技而可使治三官,曰:精于道者也……故君子壹于道而以赞稽物。""故《道经》曰:人心之危,道心之微。危微之几,惟明君子而后能知之。故人心譬如槃水,正错而勿动,则湛浊在下,而清明在上,则足以见须眉而察理矣。微风过之,湛浊动乎下，清明乱于上，则不可以得大形之正也。"此篇所言治心之法，理确甚精。宋儒之所发挥，举不外此也。然此为《荀子》书中极至之语。至其通常之论，则不贵去欲，但求可节[①]，仍礼家之论也。

---

① 见《正名》篇。

第三章 法　家

　　法家之学，《汉志》云："出于理官"，此其理至易见。《汉志》所著录者有《李子》三十二篇，《商君》二十九篇，《申子》六篇，《处子》九篇，《慎子》四十二篇，《韩子》五十五篇，《游棣子》一篇。今惟《韩子》具存。《商君书》有阙佚。《慎子》阙佚尤甚。《管子》书，《汉志》隶道家，然足考见法家言处甚多。大抵原本道德，《管子》最精；按切事情，《韩非》尤胜。《商君书》精义较少。欲考法家之学，当重《管》《韩》两书已。

　　法家为九流之一，然《史记》以老子与韩非同传，则法家与道家，关系极密也。名、法二字，古每连称，则法家与名家，关系亦极密也。盖古称兼该万事之原理曰道，道之见于一事一物者曰理，事物之为人所知者曰形，人之所以称之之辞曰名。以言论思想言之，名实相符则是，不相符则非。就事实言之，名实相应则治，不相应则乱，就世人之言论思想，察其名实是否相符，是为名家之学。持是术也，用诸政治，以综核名实，则为法家之学。此名、法二家所

先秦学术概论

由相通也①，法因名立，名出于形，形原于理②，理一于道③，故名法之学，仍不能与道相背也。④

《韩非子·扬榷》篇，中多四言韵语，盖法家相传诵习之辞。于道德名法一贯之理，发挥最为透切。今试摘释数语如下：《扬榷》篇曰："道者弘大而无形，德者核理而普至，至于群生，斟酌用之。"此所谓道，为大自然之名。万物之成，各得此大自然之一部分，则所谓德也。物之既成，必有其形。人之所以知物者，恃此形耳。形万殊也，则必各为之名。名因形立，则必与形合，而后其名不忒。故曰"名正物定，名倚物徙"也。名之立虽因形，然及其既立，则又别为一物，虽不知其形者，亦可以知其名。⑤然知其名而不知其形⑥，则终不为真知。⑦故曰"不知其名，复修其形"也。名因形立，而既立之后，又与形为二物，则因其形固可以求其名，因其名亦可以责其形。⑧故曰："君操其名，臣效其形。"吾操是名以责人，使效其形；人之效其形者，皆与吾所操之名相合，则名实相符而事治；否则名实不符而事乱矣。故曰"形名参同，上下和调"也。臣之所执者一事，则其所效者一形耳。而君则兼操众事之名，以责群臣之各效其形，是臣犹之万物，而君犹之兼该万物之大自然。兼该万物

---

① 世每称刑名之学。刑实当作形。观《尹文子·大道》篇可知。《尹文子》未必古书，观其词气，似南北朝人所为。然其人实深通名法之学。其书文辞不古，而其说则有所本也。
② 万事万物之成立，必不能与其成立之原理相背。
③ 众小原则，统于一大原则。
④ 韩非有《解老》《喻老》二篇，最足见二家之相通。
⑤ 如未尝睹汽车者，亦可知汽车之名。
⑥ 即不知其名之实。
⑦ 一切因名而误之事视此。人孰不知仁义之为贵，然往往执不仁之事为仁，不义之事为义者，即由其知仁义之名，而未知仁义之实也。
⑧ 如向所未见之物，执其名，亦可赴市求之。

之大自然，岂得自同于一物？故曰"道不同于万物，德不同于阴阳，衡不同于轻重，绳不同于出入，和不同于燥湿，君不同于群臣"也。然则人君之所操者名，其所守者道也。故曰："明君贵独道之容。"抑君之所守者道，而欲有所操，以责人使效其形，则非名固末由矣。故曰"用一之道，以名为首"也。万物各有所当效之形，犹之欲成一物者，必有其模范。法之本训，为规矩绳尺之类①，实即模范之义。万物所当效之形，即法也。此道德名法之所以相通也。

　　法、术二字，混言之，则法可以该术；析言之，则二者各有其义。《韩非子·定法》篇曰："今申不害言术，而公孙鞅为法。术者，因任而授官，循名而责实，操杀生之柄，课群臣之能者也，此人主之所执者也，法者，宪令著于官府，刑罚必于民心，赏存乎慎法，而罚加乎奸令者也，此臣之所师也。""韩者，晋之别国也。晋之故法未息，而韩之新法又生；先君之令未收，而后君之令又下。""虽十使昭侯用术，而奸臣犹有所谲其辞矣。""公孙鞅之治秦也""其国富而兵强。然而无术以知奸，则以其富强也资人臣而已矣。及孝公、商君死，惠王即位，秦法未败也，而张仪以秦殉韩、魏"。"惠王死，武王即位，甘茂以秦殉周；武王死，昭襄王即位，穰侯越韩、魏而东攻齐，五年，而秦不益一尺之地，乃成其陶邑之封；应侯攻韩，八年，成其汝南之封。自是以来，诸用秦者，皆应、穰之类也。故战胜则大臣尊，益地则私封立。"论法术之别，最为明白。要而言之：则法者，所以治民；术者，所以治治民之人者也。

---

①　见《管子·七法》篇。《礼记·少仪》："工依于法。"注："法，谓规矩绳尺之类也。"《周官·掌次》："掌王次之法。"注："法，大小丈尺。"

先秦学术概论

古代刑法，恒不公布。①制法亦无一定程序。新法故法，孰为有效不可知。法律命令，盖亦纷然错出。②故其民无所措手足。此法家之所由生。又治人者与治于人者，其利害恒相反。后世等级较平，治人者退为治于人者，治于人者进为治人者较易。古代则行世官之法，二者之地位，较为一定而不移，故其利害之相反愈甚。春秋、战国之世，所以民穷无告，虽有愿治之主，亦多不能有为，皆此曹为之梗。此则术家言之所由生也。如韩非言，申、商之学，各有所长，非盖能并通之者邪？

法家精义，在于释情而任法。盖人之情，至变者也。喜时赏易滥，怒时罚易酷，论吏治者类能言之。人之性宽严不同，则尤为易见矣。设使任情为治，即令斟酌至当，终不免前后互殊，而事失其平，人伺其隙矣。法家之义，则全绝感情，一准诸法。法之所在，丝毫不容出入。看似不能曲当，实则合全局，通前后而观之，必能大剂于平也。礼家之言礼曰："衡诚悬，不可欺以轻重；绳墨诚陈，不可欺以曲直；规矩诚设，不可欺以方圆；君子审礼，不可诬以奸诈。"③此数语，法家之论法，亦恒用之。盖礼法之为用虽殊，其为事之准绳则一耳。

职是故，法家之用法，固不容失之轻，亦断不容畸于重。世每

---

① 观《左氏》载子产作刑书，而叔向诤之；范宣子铸刑鼎，而孔子非之可见，反对刑法公布者，以为如是，则民知其所犯之轻重而不之畏，不如保存其权于上，可用不测之罚以威民也。殊不知刑法不公布，而决于用法者之心，则其刑必轻重不伦；即持法至平，民亦将以为不伦也，况其不能然乎？刑法轻重不伦，则其有罪而幸免者，有无罪而受罚者。有罪而幸免，民将生其侥幸之心，无罪而受罚，民益将铤而走险。法之不为人所重，且弥甚矣。

② 读《汉书·刑法志》可知。此虽汉时情形，然必自古如此。而汉人沿袭其弊也。

③ 《礼记·经解》。

讥法家为武健严酷，此乃法家之流失，非其本意也。至司马谈诋法家"绝亲亲之恩"，《汉志》亦谓其"残害至亲，伤恩薄厚"，则并不免阶级之见矣。

自然力所以为人所畏服者，实以其为必至之符。人则任情为治，不免忽出忽入，黠者遂生尝试之念，愿者亦启侥幸之心，而法遂隳坏于无形矣。设使人治之必然，亦如自然律之无或差忒。则必无敢侥幸尝试者，国安得而不治？《韩非子·内储说上》曰："董阏於为赵上地守。行石邑山中，见深涧峭如墙，深百仞。因问其旁乡左右曰：人尝有入此者乎？对曰：无有。曰：婴儿盲聋狂悖之人尝有入此者乎？对曰：无有。牛马犬彘尝有入此者乎？对曰：无有。董阏於喟然太息曰：吾能治矣。使吾治之无赦，犹入涧之必死也，则人莫之敢犯也，何为不治？"此赏之所以贵信，罚之所以贵必也。不特此也。人有所求而无术以致之，固亦未尝不可以偶遇。然此乃或然或不然之数，不足恃也。学问之道无他，求为可必而已矣。《韩非子·显学》篇曰："恃自直之箭，百世无矢；恃自圜之木，千世无轮矣。自直之箭，自圜之木，百世无有一，然而世皆乘车射禽者何也？隐栝之道用也。虽有不恃隐栝自直之箭，自圜之木，良工勿贵也。何则？乘者非一人，射者非一发也。"可谓言之深切著明矣。故法家之重人治，与其信赏必罚，理实相通，皆出于法自然之说者也。

法家贵综核名实，故其所欲考察者，恒为实际之情形。执旧说而谬以为是，法家所不取也。职是故，法家恒主张变法。《韩非子》

曰："古之毋变，常之毋易，在常古之可与不可。"① 此即务察其实，而不眩于虚论之精神也。又曰："凡人难变古者，惮易民之安也。夫不变古者，袭乱之迹；适民心者，恣奸之行也民愚而不知乱，上懦而不能更，是治之失也。人主者，明能知治，严必行之，故虽拂于民心，立其治。"此则既明实际之情形，而断以行之者矣。商鞅、吴起之徒，所以一出而收富国强兵之效者，以此。

术家之言，千条万绪，而一言以蔽之，不外乎"臣主异利"四字。盖社会之组织，非至极安和之境，则公私之利害，终不能无相反之处；而凡人之情，必皆先私而后公，此督责之所由不可废也。不特有特权之官吏为然也，即受治之人民亦然。故《韩子》又言"法为人民所同恶"。此法、术二家之所由相通也。②

职是故，法家之治民，乃主大处落墨，而不主苟顺民情。《韩非子·心度》篇谓"圣人之治民，度其本，不从其欲，期于民利"是也。今有孺子将入井，人见而止之，或不免婴孺子之怒。然谓孺子之入井，为有求死之心固不可，则止之若违其欲，实顺其欲也。人孰不欲利？然能得利者卒寡，不能得利者卒多，何哉？昧于利不利之故，不知利之所在也。故顺人之欲者，未必其为利之；反人之欲者，未必其非利之也。特欲或隐而难见，或显而易知。当其隐而未见之时，无从家喻户晓耳。故曰："凡民可与乐成，难与虑始。"③

---

① 《南面》。
② 臣主异利之义，《韩非子》中《八奸》《奸劫弑臣》《备内》诸篇，言之最切。法为臣民所同恶，见《和氏》篇。
③ 此义主张太过，有时亦有流弊。盖不从民欲，当以民利为期。若径以人民为牺牲，则失其本意矣。韩非《备内》篇曰："王良爱马，为其可以驰驱；勾践爱人，乃欲用以战斗。"即坐此失。《商君书》《弱民》篇主张尤偏。

凡为国家社会之害者，非把持则侥幸之徒。把持谓已得地位之人，侥幸则未得地位，而思篡取之之人也。法术家务申国家社会之公利，故于此曹，最为深恶痛绝。凡裁抑大臣之说，皆所以破把持；而力诋游士之言，即所以绝侥幸也。见《韩非子·五蠹》篇。

《韩非子·问辩》篇曰："或问曰：辩安生乎？对曰：生于上之不明也。明主之国。""令者，言最贵者也。法者，事最适者也。言无二贵，法不两适，故言行而不轨于法令者必禁。若其无法令而可以接诈应变，生利揣事者，上必采其言而责其实。言当则有大利，不当则有重罪。是以愚者畏罪而不敢言，智者无以讼。此所以无辩之故也。乱世则不然。主上有令而民以文学非之；官府有法，民以私行矫之。人主顾渐其法令，而尊学者之智行，此世之所以多文学也。夫言行者，以功用为之的彀者也。""今听言观行，不以功用为之彀，言虽至察，行虽至坚，则妄发之说也。是以乱世之听言也，以难知为察，以博文为辨；其观行也，以离群为贤，以犯上为抗。""是以儒服带剑者众而耕战之士寡。坚白无厚之辞章，而宪令之法息。"此说也，即李斯之所以焚书。《管子·法禁》其说略同，可以参观。知斯之行此，乃法家固有之义，而非以媚始皇矣。人性原有善恶两面，法家则专见其恶，彼闻上令则各以学议之者，岂必以私计之便哉？亦或诚出于大公，冀以其所学，移易天下也，而自法家观之，则恒以为自便私图之士，遂不得不取此一切之法矣。然韩子但欲采其言责其实，则似尚未欲一概禁绝之，而斯又变本加厉耳。

言行以功用为彀的，推之至极，遂至列文学于五蠹，目诗书为六虱，此亦失之太过。然韩子又曰："糟糠不饱者，不务粱肉；短褐不完者,不待文绣。"则其意自欲以救时之弊,非谓平世亦当如此也。

人之情,恒不免先私而后公,此特凡民为然。豪桀之士,固不如此。此少数豪桀之士,则国之所恃以立,而亦人民之所托命也。韩子之意,当时上而贵臣,下而游士,无非国之蠹,民之贼者,惟法术之士为不然。其说见于《难言》《孤愤》《说难》《奸劫弑臣》《问田》诸篇。此或亦实在之情形也。①

法家之言,皆为君主说法,设君主而不善,则如之何?万事一决于法,而持法者为君主,设君主而坏法,则如之何?近之持立宪论者,每以是为难。然此乃事实问题,不足以难法家也。何者?最高之权力,必有所归。所归者为君主,固可以不善;所归者为他机关,亦可以为不善。归诸一人,固不免坏法;归诸两机关以上,岂遂必不能坏法?今之议会,不与政府狼狈为奸乎?议会与政府,非遂无争,又多各为其私,非必为国与民也。故曰:此事实问题也。

法之本义为模范,乃有所作者之所当则。术之本义为道路,则有所之者之所必由。自法术家言之,其学殆不可须臾离也。执法之不免拘滞,法家岂不知之?然终斤斤于是者,则以其所失少所得多也。《韩非子》曰:"释法术而心治,尧舜不能正一国。去规矩而意度,奚仲不能成一轮。"②谓此矣。即谓苟有尧舜,虽释法术而心治,亦可正国;苟有奚仲,虽去规矩而意度,亦可成轮;然"尧、舜、桀、纣,千世而一出;背法而待尧、舜,是千世而一治;抱法而待桀、纣,是千世而一乱也"。况乎释法术,尧、舜亦未必能治;即能治,

---

① 贵族腐败不可救药。游士则多数但为身谋。
② 《用人》。

亦事倍而功半耶？①

　　以上征引，十九皆出《韩非》。以今所存法家之精义，多在此书也。至《商君书》之所论，则"一民于农战"一语，足以尽之。《史记·商君列传》："太史公曰：余尝读商君开塞耕战书，与其人行事相类。"《索隐》曰："案《商君书》，开谓刑严峻则政化开，塞谓布恩惠则政化塞，其意本于严刑少恩。又为田开阡陌，及言斩敌首赐爵；是耕战书也。"释开塞义，与今书开塞篇不合。晁公武《郡斋读书志》，谓司马贞未尝见其书，安为之说。今案开塞耕战，盖总括全书之旨，非专指一两篇。《索隐》意亦如此，晁氏自误解也。然《索隐》释开塞亦误。《尉缭子·兵教下》篇曰："开塞，谓分地以限，各司其职而坚守。"此则开塞二字之古义也。《商君书》重农战，度必有及分地坚守之说者，今其书偏亡，而其说遂不可见耳。

　　《李子》《汉志》注云："名悝，相魏文侯。"近人云："《食货志》言李悝为魏文侯作尽地力之教，与《史记·货殖传》言当魏文侯时，李克务尽地力正合，故知克、悝一人。"陈群《魏律序》言悝撰次诸国法，著《法经》六篇，商鞅受之以相秦。"②黄奭有辑本。《汉志》所著录之《李子》则亡矣。

　　慎到弃知去己，而缘不得已，已见第一章第六节。此为道家言。《吕览·慎势》《韩子·难势》皆引其言，则法家言也。《慎势》篇："慎

---

① 孟子曰："离娄之明，公输子之巧，不以规矩，不能成方圆。师旷之聪，不以六律，不能正五音。尧、舜之道，不以仁政，不能平治天下。"其思想全与法家同。特又曰："徒善不足以为政，徒法不能以自行"，人与法并重，不如法家之侧重于法耳。然苟法严令具，则虽得中主，亦可蒙业而安，此亦儒家所承认也。则法家所谓抱法而待桀、纣，千世而一乱者，亦不背于儒也。

② 见《晋书·刑法志》。

子曰：今一兔走，百人逐之，非一兔足为百人分也，由未定。① 由未定，尧且屈力，而况众人乎？积兔满市，行者不顾，非不欲兔也，分已定矣。分已定，人虽鄙不争。故治天下及国，在乎定分而已矣。"《吕览》引此，为"立天子不使诸侯疑焉，立诸侯不使大夫疑焉，立适子不使庶孽疑焉"之证。盖位之所存，势之所存，欲定于一，必先明分也。然则慎子势治之论，即是法家明分之义。《荀子》谓慎子"有见于后，无见于先"②，盖指其道家言言之；又谓慎子"蔽于法而不知贤"③，则指其法家言言之也。此亦可见道、法二家之相通也。④

---

① 由同犹。
② 《天论》。
③ 《解蔽》。
④ 今本《慎子》五篇，皆普通法家言。

第四章　名　家

　　名家之书，《汉志》所著录者有《邓析》二篇、《尹文子》一篇、《公孙龙子》十四篇、《成公生》五篇、《惠子》一篇、《黄公》四篇、《毛公》九篇。今惟《公孙龙子》，尚存残本，余则非亡即伪矣。

　　邓析之事，见于《吕览·离谓》。《离谓》篇曰："子产治郑，邓析务难之，与民之有狱者约，大狱一衣，小狱襦裤。民之献衣襦裤而学讼者，不可胜数。以非为是，以是为非。是非无度，而可与不可日变。所欲胜因胜，所欲罪因罪。郑国大乱，民口欢哗。子产患之。于是投邓析而戮之，民心乃服，是非乃定，法律乃行。"《荀子·宥坐》《说苑·指武》《列子·力命》亦谓邓析为子产所杀。据《左氏》，则昭公二十年子产卒，定公九年，驷颛乃杀邓析。二者未知孰是。要之邓析为郑执政者所杀，则似事实也。其书，《隋志》一卷。今本仍一卷，二篇。辞指平近，不类先秦古书。盖南北朝人所伪为，故唐以来各书征引多同也。

　　尹文子《汉志》云："说齐宣王，先公孙龙。"《庄子·天下》以宋钘、尹文并举。《吕览·正名》则以尹文所说者为齐湣王。曰："齐王谓尹文曰：寡人甚好士。尹文曰：愿闻何谓士？王未有以应。尹文曰：今有人于此，事亲则孝，事君则忠，交友则信，居乡则悌，有此四行者，可谓士乎？齐王曰：此真所谓士已。尹文曰：王得若人，肯以为臣乎？王曰：所愿而不能得也。尹文曰：使若人于庙朝中，深见侮而不斗，王将以为臣乎？王曰：否。夫见侮而不斗，则是辱也，辱则寡人勿以为臣矣。尹文曰：虽见侮而不斗，未失其四行也。未失其四行，是未失其所以为士一矣。未失其所以为士一，而王不以为臣，则向之所谓士者乃士乎？王无以应。""尹文曰：王之令曰：杀人者死，伤人者刑。民有畏王之令，深见侮而不敢斗者，是全王之令也。而王曰：见侮而不敢斗，是辱也。不以为臣，此无罪而王罚之也。齐王无以应。"高注曰："尹文，齐人，作《名书》一篇。在公孙龙前，公孙龙称之。"则《汉志》所谓尹文说齐宣王者，即指《吕览》所载之事。一云宣王，一云湣王，古书此等处，大抵不能精审也。高氏说既与《汉志》合，则其所谓《名书》者，亦必即《汉志》所谓《尹文子》矣。今所传《尹文子》分二篇。言名法之理颇精，而文亦平近。疑亦南北朝人所为，故《群书治要》已载之也。

公孙龙子说赵惠王偃兵，见《吕览·审应》；说燕昭王偃兵，见《吕览·应言》；与孔穿辩论，见《吕览·淫辞》。其书存者六篇。篇数与《汉志》不符，其辞容有附益，然大体非后人所能为。[①]盖《汉志》十四篇之残本也。毛公，《汉志》云："赵人，与公孙龙等并游平原君赵胜家。"师古曰："刘向云：论坚白同异，以为可以治天下。"此外无可考。

与公孙龙有关系者，又有魏公子牟。亦称中山公子牟。见《庄子·秋

[①]《吕览》高注，谓尹文在公孙龙前，公孙龙称之。案尹文说齐王事，见《公孙龙子·迹府》篇，以为公孙龙难孔穿，则此篇或即高诱所见。亦此书非伪之一证也。

水》《让王》①，《列子·仲尼》篇。又《庄子·天下》篇，以桓团、公孙龙并举。桓团行事无考。

惠施为名家巨子。《庄子·天下》篇，称"惠施多方，其书五车"。又曰："南方有畸人焉，曰黄缭，问天地所以不坠不陷，风雨雷霆之故。惠施不辞而应，不虑而对，遍为万物说，说而不休，多而无已。犹以为寡，益之以怪。"《徐无鬼》篇：惠施死，庄子曰："自夫子之死也……吾无与之言矣。"②庄周学说，与惠施最相近，然而判为二派者，庄子以生有涯而知无涯，而惠施则多其辞说。故庄子讥之曰："由天地之道观惠施之能，其犹一蚊一虻之劳。"而又惜其散于万物而不厌，逐万物而不反，是穷响以声，形与影竞走也。又"惠子事"亦见《庄子·秋水》，《吕览》中《淫辞》《不屈》《应言》《爱类》诸篇。③

成公生，《汉志》云："与黄公等同时。"④黄公，《汉志》曰："名疵，为秦博士。作歌诗，在秦歌诗中。"

名、法二家，关系最密，说已见前。顾其学与墨家关系有尤密者。《墨子》书中有《经上下》《经说上下》《大小取》六篇，虽难尽通，要可知为论名学之作。《庄子·天下》篇，称桓团、公孙龙辨者之徒；而晋鲁胜合《墨子》之《经上下》《经说上下》四篇而为之注，称之曰《墨辨》，则今所谓名学，古谓之辨学也。《吕览》载尹文之说，极致谨于名实之间，而亦及见侮不斗。《荀子·正论》，

---

① 《吕览·审为》略与《让王》同。
② 《说苑·说丛》篇同。《淮南子·修务训》亦曰："惠施死而庄子寝说言。"
③ 高注谓惠施宋人。
④ 师古引刘向云："与李斯子由同时。由为三川守，成公生游谈不仕。"

述子宋子之说曰："明见侮之不辱，使人不斗。"知庄子以宋钘、尹文并列为不诬矣。《吕览·审应》载："赵惠王谓公孙龙曰：寡人事偃兵十余年矣而不成，兵可偃乎？公孙龙对曰：偃兵之意，兼爱天下之心也。兼爱天下，不可以虚名为也，必有其实。今蔺、离石入秦，而王缟素布总；东攻齐得城，而王加膳置酒。齐得地而王布总，齐亡地而王加膳，所非兼爱之心也，此偃兵之所以不成也。"兼爱偃兵，墨家之旨；致谨名实，名家之学也。《荀子·正名》篇："'见侮不辱''圣人不爱己''杀盗非杀人也'，此惑于用名以乱名者也。""'山渊平''情欲寡''刍豢不加甘''大钟不加乐'，此惑于用实以乱名者也。""'非而谒楹有牛，马非马也'，此惑用于名以乱实者也。"亦皆兼名墨二家之说。《庄子·天下》篇云："相里勤之弟子，五侯之徒，南方之墨者，苦获、己齿、邓陵子之属，俱诵《墨经》，而倍谲不同，相谓别墨，以坚白同异之辩相訾，以觭偶不忤之辞相应。"其所诵，盖即今《墨子》中之《经上下》篇。名家纵不必即出于墨，而名墨之学，关系极密，则无可疑矣。夫墨家重实利，而名家则骋玄妙之辞；墨家主兼爱，而法家则尚刻核之政；抑法家重综核，而名家则操两可之说，设无穷之辞。其学之相反如此也，而其关系之密如彼，岂不异哉？

虽然，此无足异也，《汉志》：法家者流，出于理官。名家者流，出于礼官。墨家者流，出于清庙之守。理之与礼，关系极密，无待于言；而清庙则礼之所由行也，礼者事之准，办事而无标准，必觉其无从办起。故曰："名不正则言不顺，言不顺则事不成。"夫礼之初，则社会之习惯而已。所谓正名者，则谨守社会之习惯而已。然礼有沿亦有革，斯官有创亦有因。其因仍沿袭者，固可即固有之礼而谨守之，而不必问其何以当如此；其革故鼎新者，则必求其协诸义而协，而礼之原理，不容不讲矣。职是故，古之礼官及理官，其学遂分为二派：一极言名之当正，而务求所以正之之方，此为法家之学；一深探千差万别之名，求其如何而后可谓之正，是为名家之学。夫执法术以求正名之实行者，固应审我之所谓正者果正与否；而深探名之如何而后可称为正者，既得其说，亦必求所以实行之。此名法二家，所以交相为用也。抑名以立别，而名家之说，反若天地万物，皆为一体，只见其同，不见其异。此则宇宙万物，本相反而相成，苟探求之至于极深，未有不觉其道通为一者也。名法二者，盖亦同源而异流，而古代庶政统于明堂，则清庙实名法二家所由出。故二家之学，亦有存于墨家者焉。①

《墨子》中《经》《经说》《大小取》六篇，所涉范围甚广。如曰："知，材也。② 虑，求也。知，接也。③ 恕，明也。"④ 此论人之知识问题者也。又曰："举，拟实也⑤。言，出举也。所以谓，名也。所谓，实也。名实耦，合也。或也者，不尽也。⑥ 假也者，今不然也。⑦ 效也者，为之法也。所效者，所以为之法也。辟⑧者，援

---

① 参看第五章秦始皇谓吾收天下书不中用者尽去之，岂尚微妙之论。然黄公为秦博士，盖名法相通，黄公实以法家之学见用也。
② 此言能知之具。
③ 此言吾知之接于物。
④ 此言知物之明晰状态。
⑤ 此言人之观念。
⑥ 或，有也。有然者则不尽然。
⑦ 谓假设之辞。
⑧ 同譬。

也①，物而以明之也。侔也者，比辞而俱行也。援也者，曰：子然，我奚独不可以然也？推也者，以其所不取之。②同于其所取者予之也。是犹谓也③者同也，吾岂谓也④者异也。"皆论辩论之法者也。又曰："生，形与知处也。卧，知无知也。⑤梦，卧而以为然也。平，知无欲恶也。闻，耳之聪也。循所闻而得其意，心之察也。言，口之利也。执所言而意得见，心之辨也。"说与今心理学相符。又曰："体，分于兼也。⑥端，体之无序而最在前者也。⑦尺，前于区而后于端。⑧区，无所大；厚，有所大也。⑨平，同高也。中，同长也。圜，一中同长也。方，柱隅四杂也。"⑩与今几何学暗合。又曰："仁，体爱也。⑪义，利也。任，士损己而益所为也。"则仍与兼爱之说相应。⑫此外关于科学论理者，尚有多条。近人于此，诂释较详，有专书可看。⑬兹不更及。其邓析、惠施、桓团、公孙龙之学，散见诸子书中者，于下文略论之。

案《庄子·天下》篇，举惠施之说，凡十事：

（甲）"至大无外，谓之大一；至小无内，谓之小一。"此破

---

① 同他。
② 同者。
③ 同他。
④ 同他。
⑤ 上知字为"知材也"之知，下知字为"知接也"之知。
⑥ 兼为全量，体为部分。
⑦ 点。
⑧ 尺为线，区为面。
⑨ 厚为体。
⑩ 杂同匝。
⑪ 体，即分于兼之体。
⑫ 参看第五章。
⑬ 予所见者，有梁启超《墨经校释》，张之锐《新考正墨经注》，皆佳。胡适《中国哲学史大纲》上卷，亦以论墨经一章为最善。又《学衡杂志》载李笠定本《墨子间诂序》，未见其书。

俗大小之说也。大无止境，小亦无止境。俗所谓大所谓小者；皆强执一境而以为大以为小耳。问之曰：汝所谓大者，果不可更大？所谓小者，果不可更小乎？不能答也。可以更大，安得谓之大？可以更小，安得谓之小？故俗所谓大小，其名实不能立也。故惠子破之曰：必无外而后可以谓之大，必无内而后可以谓之小。夫无内无外，岂人心所能想象？然则大小之说，不能立也。

（乙）"无厚，不可积也，其大千里。"此破有无之说也。天下惟一无所有者，乃得谓之无所不有。何也？既曰有矣，则必有与之对者。如尔与我对，此物与彼物对是也。我愈小，则与我为对之物愈多。然若小至于无，则无物能与我对。夫与我对者非我也，则不与我对者必我也。无物能与我对，则无物非我也。故惟无为最大。《淮南子》曰："秋豪之末，沦于无间，而复归于大矣。"正是此理。无厚之厚，即《墨子》厚有所大也之厚，几何学所谓体也。其大千里，乃极言其大，即最大之意。不可泥字面看。

（丙）"天与地卑，山与泽平。"《荀子·不苟》篇作"天地比，山渊平"。卑即比也。此条盖破高下相对之见。古天官家谓自地以上皆天也。

（丁）"日方中方睨，物方生方死。"此说亦见《庄子·齐物论》。破执著一事，以为与他事有截然分界之见也。今有人焉而死，世俗之论，必以其死之一刹那为死，而自此以前，则皆为生。姑无论所谓一刹那者不可得也。即强定之，而凡事必有其原因。人之死，非死于其死之时也，其前此致死之因，岂得与死判为两事？因果既不容判，而因又有其因焉，因之因又有其因焉，则孰能定其死于何时？

以人之生死论，只可谓有生以后，皆趋向死路之年耳；只可谓方生之时，即趋向死路之时耳。他皆放此。①

（戊）"大同而与小同异，此之谓小同异；万物毕同毕异，此之谓大同异。"此破同异之说也。天下无绝对相同之物，无论如何相类，其所占之时间空间决不同，便为相异之一点，此万物必异之说也。天下无绝对相异之物。无论如何相异，总可籀得其中之同点。如牛与马同为兽，兽与人同为动物，动物与植物同为生物是也。此万物毕同之说也。

（己）"南方无穷而有穷。"古天官家不知有南极，故于四方独以南为无穷。②夫地不能无厚，既有厚，则向反面进，势必复归于正面，是南方无穷之说，不可通也。地既可以周游，则随处皆可为中点。故曰："我知天下之中央，燕之北，越之南是也。"③

（庚）"今日适越而昔来。"此破时间分析之见也。夫时无界也，今云昔云，乃至一时一分一秒，皆人之所假立也。果不离因，二者本为一事。自人有时间观念，乃即一事强分为若干节，而别而指之曰：此为因，此为果焉。实不通之论也。何也？自适越以至于至，原为一事，人必强分为两事，不过自适迄至，为时较长，得容分析耳。今有一事，时间甚短，不复容人之分析，则即视为一事矣。

---

① 此理与儒家日中则昃，月盈则食之说相通。天体运行不已，原无所谓中，亦无所谓昃。然就人之观察，强立一点而谓之中，则固可指自此以前之运行，为自昃向中；自此以后之运行，为自中向昃也。故其下文即曰："天地盈虚，与时消息。"盈虚消息，万物之本然。所谓盛衰倚伏者，则就人之观察，而强立一点焉，指之曰：此为盛，此为衰耳。

② 孙诒让说。见《墨子间诂·经说下》。案此盖天之说也，盖天之说，以北极为中心，四面皆为南方。

③ 见下第九条。或谓合此两条观之，似古人已知地体浑圆。此殊不然。凡有厚之物，向反面进，皆可复归于正面，初不问其圆不圆也。

然则此或分为两，或合为一者，乃人之观念则然，而非事物之本体然也。今人之分析时间，盖极于秒。同在一秒中之事，即不复计较其先后矣。今命初一为a，初二为b。初一自北平行，初二至南京，命之曰a适南京而a至，固不可也。又命一时为a，二时为b。一时自黄浦江边行，二时而抵上海县城，命之曰a适上海而a至，亦不可也。然一秒之时，既不再加以分析，则将通命之曰a。今适至近之地，以此一秒钟发，亦以此一秒钟至，则以吾侪之语言道之，将曰a适某地而a至矣。假有时间分析，较吾侪更细者，彼视此一语之可笑，与吾侪视a适南京而a至，a适上海而a至之语，无以异也。设有时间分别，较吾侪更粗者，其视今日适南京而明日至，一时适上海而二时至，其无庸分别其适与至，亦与吾侪视适与至皆在一秒钟内者，无以异也。则初一适南京而初二至，一时适上海而二时至，自彼言之，虽曰a适南京而a至，a适上海而a至，亦无不可矣。此今日适越而昔来之说也。又此条以理事无碍之说解之亦可通。参看下"卵有毛"一条。

（辛）"连环可解也。"此条可有二解：一即系铃解铃之说。连环若本一物，无待于解；若本两物，则如何连，即如何解耳；此一说也。又宇宙本系一体，凡宇宙间事，实系一事，而世必强分之为若干事，实不通之论也。然世无不以为通者。如此武断之论，而可以成立，连环又何不可解乎？

（壬）"我知天下之中央。燕之北，越之南是也。"说见前。

（癸）"氾爱万物，天地一体也。"此条为惠施宗旨所在。前此九条，皆所以说明此条者也。盖由前此九条所说，可见物无彼此之分，时无古今之别，通宇宙一体耳。①既通宇宙皆一体，则我即万物，万物即我，其汜爱万物宜矣。

以上为庄子述惠施之说。又《荀子·不苟》篇，述惠施、邓析之说，凡五事：

（子）"山渊平，天地比。"说已见前。

（丑）"齐、秦袭。"袭，重也。"齐、秦袭"，犹言齐、秦只在一处。似即庄子东西相反而不可相无之理。

（寅）"入乎耳，出乎口。"疑当作"入乎口，出乎耳。"即臧三耳之旨。言人之听不恃耳，别有所以为听；言不恃口，别有所以为言也。夫听不恃耳，而别有所以为听；言不恃口，而别有所以为言，则虽谓入乎口，出乎耳，亦无不可矣。名家之言，多与常识相反，所以矫常识之谬也。入乎耳，出乎口，人人知之，何待言邪？

（卯）"钩有须。"俞樾曰："钩疑姁之假"，是也。姁，妪也。此即万物毕同毕异之说。言世所视为绝对相异者，其中仍有同点在也。夫人之异莫如男女；男女之异，莫显乎有须无须。然世岂有绝对之男女乎？男子之有女性，女子之有男性者，盖不少也。女子而有男性，则虽谓姁有须可也。

（辰）"卵有毛。"见下。

又《庄子·天下》篇述桓团、公孙龙辩者之徒与惠施相应之说。

（1）"卵有毛。"此理与华严之理事无碍观门通，亦即今日适越而昔来之理。盖凡事果不离因，而因复有因，则无论何事，皆不

---

① 古人用天地字，往往作宇宙字解。

能指其所自始；皆自无始以来，即如此耳。今若执卵无毛者，试问此卵，如法孵之，能有毛否？若曰无毛，实验足以证其非。若曰有毛，今实无毛，汝何以能预知。观卵而决其能有毛，谓卵无毛可乎？卵之无毛，未有是事，实有是理。事不违理，有是理，即谓有是事可也。是卵有毛也。

（2）"鸡三足。"此即臧三耳之说也。盖谓官体之所为，非徒官体，其外别有使之者。《墨经》云："闻，耳之聪也。循所闻而意得见，心之察也。"即此理。设无心之察，则耳之所闻，惟一一音耳。① 然则闻者不徒耳，行者不徒足，足与耳之外，尚别有一物在也。推是理也，即一事而指其所能见者，以为其事遂尽于此，则谬矣。如敌国来侵，岂其一一兵卒之为之邪？

（3）"郢有天下。"此似一多相容之理。万物毕同毕异，则任举一物，而万物之理，皆涵于其中，故芥子可以纳须弥也。闽粤械斗之族，岂能为民国三年欧洲之大战？然此械斗之性质，谓即欧战之心理，无不可也。不忍一牛之心，扩而充之，可以保四海，即由于此。

（4）"犬可以为羊。"此即万物毕同毕异之理。犬未尝无羊性，其所以与羊异者：（一）由其生理之不同；（二）由一切环境，有以发达其异于羊之性，而遏抑其同于羊之性也。若有一法焉，专发达其类乎羊之性。而除去其异乎羊之性，则固可使之为羊。男子阉割，则显女性；少成若性，习惯自然，皆是此理。

---

① 听素所不解之语言即如此。

（5）"马有卵。"似即妪有须之意。上条言物之后天性质，可以彼此互易。此条言其先天亦无绝对之异也。

（6）"丁子有尾。"丁子，未详。

（7）"火不热。"此条谓物之性质，起于人之感觉。同一火也，灼恒人之肤而以为痛，炙病者之肌而感其快，火岂有冷热邪？饮者一斗亦醉，一石亦醉，酒之性质，果能醉人乎？《墨子·经说》曰："谓火热也，非以火之热。"即此理。

（8）"山出口。"未详。谓山亦可以为谷也。

（9）"轮不辗地。"此条之意，与今日适越而昔至相反，彼明一事而世人妄析之，此明多事而世人妄合之也。天下事不分析则已，既分析，则皆可至于无穷，谬视之为一事，无当也。如德人侵法，世每以为德意志之国家为之，视为一事。然无作战之人人，岂复有侵法之事。轮之著地，实止一点。点点相续，与非全轮之碾地者何异？世乃只见轮而不复审其著地时之实状，何邪？

（10）"目不见。"此条与火不热相反。彼言客观之性质，皆主观所赋。此言主观之感觉，待客观而成也。

（11）"指不至，至不绝。"《列子》作"有指不至，有物不尽"。又载公子牟之言曰："无指则皆至，尽物者常有。"《公孙龙子》曰："物莫非指，而指非指。天下无指，物无可以谓物。天下而物，可谓指乎？指也者，天下之所无也。物也者，天下之所有也。"案指者，方向之谓。《淮南·氾论训》："此见隅曲之一指，而不知八极之广大。"

是其义也。①方向因实物而见,非先有空间,乃将实物填塞其中。故曰:"物莫非指,而指非指。指也者,天下之所无;物也者,天下之所有也。"指因物而见。天下之物无穷,则指亦无穷。故曰:"指不至,至不绝。"若欲穷物以穷指,则既云有物,即必有他物与之对待者。故曰"有物不尽"也。

(12)"龟长于蛇。"物之长短,不当以两物互相比较,而当各以其物之标准定之。长不满七尺,而衣七尺之衣,已觉其长。九尺四寸以长,而衣八尺之衣,已觉其短矣。此龟长于蛇之说也。②

(13)"矩不方,规不可以为圆。"此即"迹者履之所自出,而迹岂履也哉"之意。凡一定之械器,恒能成一定之物,世遂以此械器为能成此物,其实不然也。一物之成,必有其种种条件,械器特此诸条件之一耳。能治天下者必有法,执其法,遂谓足以治天下,其失同此。

(14)"凿不围枘。"此破有间无间之说也。《墨经》曰:"有间,中也。""间,不及旁也",间之界说如此。然自理论言之则可,物之果有间无间,则非感觉所能察也。而世之人每凭其感觉,以定物之有间或无间。吾见两物相密接,则以为无间;见两物不相密接,则以为有间焉,其实不然也。即如枘之入凿③,世皆以为无间者也,此凿围枘之说也。然使果无间隙,枘岂得入?可见世俗所谓有间无

---

① 《荀子·王霸》篇:"明一指。"《管子·枢言》篇:"强之强之,万物之指也。"皆此义。《庄子·养生主》:"指穷于为。薪,火传也,不知其尽也。"指字当绝。为,讹也,化也,言方向迷于变化也。

② 此即齐物之指。

③ 犹今以瓶塞入瓶口。

间者缪也。此"凿不围枘"之说也。

（15）"飞鸟之影，未尝动也。"《列子》作"景不移"。公子牟曰："影不移者，说在改也。"注引《墨子》曰："影不移，说在改为也。"今本《墨经》作"影不徙，说在改为"。为字无义，疑当如《列子》作"说在改"。《经说》曰："光至景亡。"言后光既至，前影旋亡。目视飞鸟之影，一似其自成一物，随鸟之飞而移者，其实鸟移至第二步，则其第一步之影已亡，所见者为后光所生之新影矣。此以影戏为喻，最为易晓。人看影戏，一似其人为一人物为一物者，实乃无数影片所续成也。

（16）"镞矢之疾而有不行不止之时。"此条与前条，皆所以破动静之见也。"飞鸟之影，未尝动也"，而世皆以为动，既喻之矣。然世必曰：飞鸟之影未尝动，飞鸟固动也，则请更以镞矢喻。夫镞矢之行，疾矣，此世所以为动者也。及其止也，则世所以为静者也。今乃曰：有不行不止之时，何哉？今假矢行千尺，为时一秒。则每行一尺，须一秒之千分之一。不及一秒千分一之时，矢可谓之行乎？人谓矢行而不止，只是不能觉其止耳。今假有物，其生命之长，尚不及一秒之千分之一，则彼惟见此矢之止，视此矢为静物也。同理，矢委地而不动，人则见为止；然更历千万年，安知其不移尺寸乎？今假有物，以万期为须臾，则其视此矢，岂不常见其动哉？

（17）"狗非犬。"犬未成豪曰狗。是狗者，犬之小者也。谓狗非犬，是谓少壮之我，非老大之我，可乎哉？然以新陈代谢之理言之，少壮之我，至老大已一切不存，安得同谓之我？若其一切皆异，而仍得同谓之我，则世所指为他者，亦不过与我一切皆异耳，何以又谓之他乎？

（18）"黄马骊牛三。"黄马一，骊牛一，是二也，安得谓之三？虽然，名因形立，而既立则与形为二。黄马骊牛之观念，与黄马骊牛，实非一物也。故曰三也。

（19）"白狗黑。"物无色也。色者，人目所见之名耳。假物有色，则其色应恒常不变。然在光线不同之地，同物之色，即觉不同，则物岂有本色哉？然则白狗之云，乃我在某种光线之下视之之色也；易一境而观之，安知非黑？《墨经》曰："物之所以然，与所以知之，与所以使人知之，不必同。"即此理。"物之所以然"，狗之真相也，无人能见。"所以知之"，我所见狗之色也。"所以使人知之"，人所见狗之色也。我所见狗之色，与人所见狗之色，人恒以为相同，其实不然。何则？我与人不能同占一空间；又我告人，使视此犬，人闻我言，因而视之，其中时间，亦复不同。时异地异，其所见狗，必不同色也。夫我谓之白，人亦谓之白；我谓之黑，人亦谓之黑，此世人所以以其所见为大可恃也。今则证明：我之所见，与人之所见，实不同物矣。所见实不同物，而可同谓之白，同谓之黑，则谓黑为白，又何不可？

（20）"孤驹未尝有母。"《列子》作"孤犊未尝有母"。公子牟曰："孤犊未尝有母，非孤犊也。"此言人之知识不可恃之理。盖人之所知，止于现在。世每自用，以为能知过去。如孤犊今虽无母，然可推知其必尝有母，此世人自以为能知既往之最确者也。然谓万物必有父母，则最初之物，父母为谁？可知万物必有父母之云，

先秦学术概论

亦吾侪有涯之知，见以为确，其实未必然也。《墨经》曰："或[①]，过名也。"说曰："知是之非此，有[②]知是之不在此也。而以已为然。始也谓此南方，故今也谓此南方。"即此条之理。

（21）"一尺之棰，日取其半，万世不竭。"此言计算之单位，为人所强立也。一尺之棰，今日取其五寸，明日又取其二寸半，孰能言分至某日，则无可再分乎？既不能言，则虽取之万世，安有竭时？

《列子·仲尼》篇载公孙龙之说，又有三条，如下：

（A）"有意不心。"公子牟曰："无意则心同。"盖谓人之所谓心者，实合种种外缘而成，非心之本体也。今有甲焉，病而畏寒，见火而喜。又有乙焉，病而畏热，见火而怒。甲之喜火，以其病寒。乙之恶火，以其病热。假甲病热，见火亦恶，使乙病寒，见火亦喜。然则追凉炀灶，皆非本心。凡百外缘，悉同此理。外缘去尽，本心则同。

（B）"发引千钧。"此说见《墨经》。《经》曰："均之绝不，说在所均。"《说》曰："均，发均。悬轻重而发绝，不均也。均，其绝也莫绝。"[③]此可以物理学释之。

（C）"白马非马。"此说见《公孙龙子》。其说曰："马者，所以命形也。白者，所以名色也。命色者，非命形也，故白马非马。"又《坚白论》曰："视不得其所坚，而得其所白；拊不得其所白，而得其所坚。"盖谓官体之感觉，本各独立，一种观念之成，皆以思想统一之而后然也。

---

① 同惑。
② 同又。
③ 《列子·汤问》篇，亦载此说。

名家之言，可考见者，大略如此。其传书，《汉志》诸子十家中，为数即最少，盖治其学者本少也。二千年以来，莫或措意，而皆诋为诡辩。其实细绎其旨，皆哲学通常之理，初无所谓诡辩也。然其受他家之诋斥则颇甚。《庄子》谓惠施"以反人为实，而欲以胜人为名"。桓团、公孙龙辩者之徒，"能胜人之口，而不能服人之心"。史谈谓其"专决于名而失人情"。一言蔽之，则斥其与常识相违而已。孔穿之距公孙龙曰："谓臧三耳甚难而实非也。谓臧两耳甚易而实是也。不知君将从易而是者乎？将从难而非者乎？"此恒人排斥各家之见也。

第五章 墨　家

当《春秋》之季，有一蒿目时艰，专以救世为志者，是为墨子。墨家者流，《汉志》云："盖出于清庙之守。茅屋采椽，是以贵俭；养三老五更，是以兼爱；选士大射，是以尚贤；宗祀严父，是以右鬼；顺四时而行，是以非命；以孝视天下，是以尚同。"胡适之作《九流不出王官论》，于此数语，攻击最烈。此胡君未解《汉志》之说也。《淮南要略》云："墨子学儒者之业，受孔子之术，以为其礼烦扰而不说，厚葬靡财而贫民，服伤生而害事①，故背周道而用夏政。"此说最精。清庙即明堂，见蔡邕《明堂月令论》。周之明堂，即唐虞之五府，夏之世室，殷之重屋，乃祀五帝之所，为神教之府。②古代制度简陋，更无宗庙、朝廷、学校、官府之别。一切政令，悉出其中。读惠氏栋《明堂大道录》可见。古人制礼，于邃初简陋之制，恒留诒之以示后人。《记》曰："礼也者，反本修古，不忘其初者也。醴酒之用，玄酒之尚，割刀之用，鸾刀之贵，筦簟之安，蒉桴之设。"③汉武帝时，

---

① 服上当夺久字。
② 见《史记·五帝本纪》索隐引《尚书·帝命验》。
③ 《礼器》。

公玉带上《明堂图》，中有一殿，四面无壁，以茅盖①，即此所谓茅屋采椽。明堂建筑，至后来已极壮丽②，而犹存此简陋之制，正是不忘其初之意。不忘其初，则所以示俭也。养老之礼，后世行诸学校。古辟雍清庙合一，故亦行诸清庙之中。选士本以助祭③，其行诸清庙，更为义所当然。顺四时而行，则《礼记·月令》《吕览·十二纪》《淮南·时则训》所述之制。农牧之世，人之生活，全赖天时。其时知识浅陋，以为日月之运行，寒暑之迭代，以及风雨霜露等，咸有神焉以司之，故其崇奉天神极笃。久之，遂谓人世一切，皆当听命于天。《月令》等篇，条举某时当行某政，非其时则不可行。苟能遵守其说，则政无不举，而亦无非时兴作之事④，国事自可大治。《论语》：颜渊问为邦，孔子首告以行夏之时，精意实在于此，非但争以建寅之月为岁首也。此诚便民要义，而人之信守，则亦由于寅畏上天。观《月令》等所载，行令有误，则天降之异以示罚，其意可知。此等天神，皆有好恶喜怒，一与人同。若如其他诸子之说，所谓命者，于己于人，皆属前定；更无天神降鉴，以行其赏善罚恶之权，则明堂月令之说，为不可通矣。此墨子所以非之也。《礼运》："子曰：我欲观夏道，是故之杞，而不足征也，吾得夏时焉。"所谓"夏时"者，郑注以《夏小正》之属当之，而亦不能质言。窃意《月令》等书所述，正其遗制也。严父配天，事始于禹。见《礼记·祭法》。鬼者人鬼，故曰右鬼。古诸侯多天子之支庶；虔奉大君，不啻只事宗子；而敬宗之义，

---

① 见《史记·封禅书》。
② 见《大戴礼记·明堂》篇。
③ 见《礼记·射义》。
④ 如农时兴土功之类。

原于尊祖，故曰"以孝示天下，是以尚同"也。《吕览·当染》篇曰："鲁惠公使宰让请郊庙之礼于天子。桓王使史角往，惠公止之，其后在鲁，墨子学焉。"此墨学出于清庙之守之诚证。《汉志》墨家，首列《尹佚》二篇。尹佚即史佚。王居明堂之礼，前巫后史。[①]故清庙之礼，惟史氏为能识之。墨学之出于史角，与墨家之首列尹佚，二事正可互证也。《庄子·天下》篇言墨子称道禹，"使后世之墨者，多以裘褐为衣，以跂蹻为服，日夜不休，以自苦为极，曰：不能如此，非禹之道也，不足为墨"。今《公孟》篇载墨子之辞曰："子法周而未法夏也。"此为庄子之言之诚证。《论语》："子曰：禹，吾无间然矣。菲饮食，而致孝乎鬼神；恶衣服，而致美乎黻冕；卑宫室，而尽力乎沟洫。"致孝鬼神，致美黻冕，乃《汉志》宗祀严父之说；卑宫室，则茅屋采椽之谓也。《节葬》篇载墨子所制葬法与禹同，又《淮南》用夏政之注脚。此类尚多，孙星衍《墨子注后序》，可以参看。知《汉志》及《淮南》之言皆确不可易矣。

又《墨子·非乐》篇云："启乃淫溢康乐，野于饮食。将将铭苋磬以力。湛浊于酒，渝食于野，万舞翼翼。章闻于天，天用勿式。"其辞不尽可解。然谓夏之亡，由启之荒于乐，则大略可见。《离骚》："启九辩与九歌兮，夏康娱以自纵。不顾难以图后兮，五子用失乎家巷。"说正相合。后羿篡夏，《史记》不言其由。《伪古文尚书》谓由太康好畋，乃移羿之恶德，以植诸夏，殊不足信。观《墨子》《楚辞》，则知夏祚中绝，实由嬉音沉湎。盖后世遂悬为鉴戒，墨子之非乐，亦有由来矣。

---

① 见《礼记·礼运》。

墨出于儒，亦有左证。《墨子》书中，与儒家相诘难者，为《非儒》《公孟》两篇。《耕柱》亦间见其说。而《修身》《亲士》《所染》三篇，实为儒家言。① 因有疑其非《墨子》书者。案墨子之非儒，仅以与其宗旨不同者为限。《非儒》上篇已亡。合下篇及《耕柱》《公孟》观之，其所非者为儒家之丧服及丧礼，以其违节葬之旨也。非其娶妻亲迎，以其尊妻侔于父，违尚同之义也。非其执有命，以申非命之说也。非其贪饮食，惰作务，以明贵俭之义也。非其循而不作，以与背周用夏之旨不合也。非其胜不逐奔，掩函勿射，以其异于非攻之论也。非其徒古其服及言；非其君子若钟，击之则鸣，勿击不鸣，以其无强聒不舍之风，背于贵义之旨也。此外诋訾孔子之词，多涉诬妄，则古书皆轻事重言，不容泥其事迹立论。又墨之非儒，谓其学累世莫殚，穷年莫究。然《贵义》篇谓："子墨子南游使卫，载书甚多。弦唐子见而怪之，曰：夫子教公尚过曰：揣曲直而已。今夫子载书甚多，何也？子墨子曰：翟闻之，同归之物，信有误者，是以书多也。今若过之心者，数逆于精微，同归之物，既已知其要矣，是以不教以书也。"然则墨子之非读书，亦非夫读之而不知其要；又谓已知其要者，不必更读耳。非谓凡人皆不当读书也。其三表之法，上本之古圣王，实与儒家之则古昔称先王相近，而其书引《诗》《书》之辞亦特多。《淮南·主术》云："孔、墨皆修先圣之术，通六艺之论"，说盖不诬。《修身》《亲士》《所染》三篇，固不得谓非墨子书矣。

墨子宗旨，全书一贯。兼爱为其根本。《天志》《明鬼》，所

---

① 《修身》《亲士》，与《大戴礼记·曾子立事》相表里。《所染》与《吕览·当染》略同。

以歆惧世人,使之兼相爱,交相利也。不利于民者,莫如兵争及奢侈,故言《兼爱》,必讲《非攻》《守御》之术,正所以戢攻伐之心。而《节用》《节葬》及《非乐》,则皆所以戒侈也。《非命》所以伸《天志》,说已具前。《尚同》者,封建之世,礼乐征伐,自天子出,则诸侯咸有所忌,而生民可以小康。自诸侯出,已不免连搂相伐。自大夫出,陪臣执国命,则不可一日居矣。故墨家之尚同,正犹儒家之尊君,皆当时维持秩序,不得不然之势。或訾其邻于专制,则彼固主选天下之贤可者而立之矣。故《尚贤》之说,与《尚同》相表里,而《尚同》以天为极,则又与《天志》相贯通也。惟《经》《经说》《大小取》六篇,多言名学及自然科学。在当日,实为高深学术,距应用颇远,与墨子救世之旨不符。盖古清庙明堂合一,明堂为神教之府。教中尊宿,衣食饶足;又不亲政事,专务遐思,遂有此高深玄远之学。史角明乎郊庙之礼,盖曾习闻其说而世守之。而其后人又以授墨子。此虽非救世所急,然既与闻其说,亦即传习其辞。正如墨子非儒,而《修身》《亲士》《所染》等儒家言,未尝不存其书中也。然则辩学由墨子而传,而其学实非墨子所重。今之治诸子学者,顾以此称颂墨子,则非墨子之志矣。诸篇虽讲论理,仍有发明兼爱之辞。[1]孔子言夏人尚忠,《墨经》实其一证。而墨子之用夏道,更不足疑矣。

欲知墨子之说,必先明于当日社会情形,不能执后人之见,以议古人也。古者风气敦朴,君民之侈俭,相去初不甚远。而公产之制,崩溃未尽,生产消费,尤必合全社会而通筹。《王制》:冢宰制国用,

---

[1] 参看上章。

必以三十年之通。虽天子，亦必凶旱水溢，民无菜色，然后可日举以乐。①《曲礼》曰："岁凶，年谷不登，君膳不祭肺，马不食谷，驰道不除，祭祀不县，大夫不食粱，士饮酒不乐。"凶岁如此，况于民之饥，不由于岁，而由于在上者之横征暴敛，役其力而夺其时乎？"朱门酒肉臭，路有冻死骨"，后世之人，习焉则不以为异，墨子之时，人心不如是也。古者地广人稀，百里七十里五十里之国，星罗棋布于大陆之上，其间空地盖甚多，故其兵争不烈。疆场之役，一彼一此，不过如今村邑之交哄。倾国远斗，如楚阳桥、吴艾陵之役者，已为罕闻；长平之坑，西陵之焚，不必论矣。席卷六合，罢侯置守，非墨子时所能梦想。欲求少澹干戈之祸，惟望率土地而食人肉者，稍念正义而惜民命而已。此如今之唱限制军备，立非战公约者，孰不知其非彻底之论？然舍此，旦夕可行者，更有何法？岂得诋唱此等议者，为皆迂腐之谈乎？故执后世之事，或究极之理，以议墨子者，皆不中情实者也。

墨家上说下教，所接者，非荒淫之贵族，即颛蒙之氓庶。非如邹鲁学士之谈，稷下儒生之论，可以抗怀高义也。故其持义，恒较他家为低，先秦诸家，言天言鬼神，皆近泛神论、无神论。墨子所谓天，所谓鬼，则皆有喜怒欲恶如人，几于愚夫愚妇所奉，无论矣。兼爱之义，儒家非不之知。孔子曰："道二，仁与不仁而已矣。"② 又言大同之世，"人不独亲其亲，不独子其子"。此与《墨子》所谓"周爱人然后为爱人"③者何异？④ 然爱之道虽无差别，而其行之则不能无差等。故曰：

---

① 此可见墨子之《非乐》不足怪。
② 《孟子·离娄上》。
③ 《小取》。
④ 孟子曰："杀人之父者，人亦杀其父；杀人之兄者，人亦杀其兄；然则非自杀之也，

"仁者人也，亲亲为大。义者宜也，尊贤为大。亲亲之杀，尊贤之等，礼所生也。"[①] 若其毫无等差，试问从何行起。又孟子曰："春秋无义战，彼善于此，则有之矣。"义兵二字，盖儒家论兵宗旨。《吕览》中《孟秋》《仲秋》《季秋》三纪，皆论用兵。开宗明义即曰："古圣王有义兵而无偃兵。"其下文又曰："兵苟义，攻伐亦可，救守亦可。兵不义，攻伐不可，救守不可。"盖儒家驳墨家之说也。夫兵不论其义不义，而但论其为攻为守，此本最粗浅之说。果以是为是非之准，彼狡者，何难阴致人之攻，既居守义之名，又有得利之实邪？且世之治，不治于其治之日，而必有其由始。世之乱，亦不乱于其乱之日，而必有其所由兆。战争者，人类平时积种种之罪恶，而一旦破裂焉者也。其事固甚惨酷，然不务去战争之原，而特求弭战争之事，不可得也。即能弭之，其为祸为福，亦正未易言。何则？既已造种种恶孽矣，不摧陷廓清之，终不可以望治；欲摧陷而廓清之，则兵终不能去也。《吕览》曰：兵，"若水火然，善用之则为福，不善用之则为祸。若用药者然，得良药则活人，得恶药则杀人。义兵之为天下良药也亦大矣"。又曰："当今之世，浊甚矣；黔首之苦，不可以加矣。天子既绝，贤者废伏；世主恣行，与民相离。黔首无所告愬。凡为天下之民长也，虑莫如长有道而息无道，赏有义而罚不义。今之学者，多非乎攻伐，而取救守，则长有道而息无道，赏有义而罚不义之术不行矣。"其说实较墨子为圆足也。然墨子非不知此也。墨者夷之以为"爱无差等，施由亲始"[②]。

一间耳。"亦与《兼爱下》篇"吾不识孝子之为亲度者，亦欲人爱利其亲与？意欲人之恶贼其亲与？以说观之，即欲人之爱利其亲也。然则吾恶先从事即得此？"同意。

① 《中庸》。
② 《孟子·滕文公上》。

此与儒家"亲亲而仁民,仁民而爱物"之说何异?《非攻下》篇,或以禹征有苗,汤伐桀,武王伐纣难墨子。墨子以"彼非所谓攻谓诛"答之。夫攻之与诛,所异者则义不义耳。墨子又曰:"今若有能信效先利天下诸侯者①:人劳我逸,则我甲兵强。宽以惠,缓易急,民不移,易攻伐以治我国,攻必倍。量我师举之费,以争诸侯之毙,则必可得而序利焉。督以正,义其名,必务宽吾众,信吾师,以此授诸侯之师,则天下无敌也。"则并以非攻为胜敌之策矣。然则墨子之论,特取救一时之弊,并非究极之谈。语其根本思想,与儒家实不相远。此亦墨出于儒之一证也。

儒家言兵,恒推其原于心。墨子则但就物质立论。其非攻之说,即较计于利不利之间。谓计其所得,反不如所丧之多。宋欲说罢秦、楚之兵,而曰:"我将言其不利"②,亦是物也。兵争之事,看似出于权利争夺之欲,实亦由于权力执著之私。试观讼者,往往倾千金之产,以争锱铢之物可知。古代之用兵,不如后世之审慎;国事又多决于少数人,其易动于一时之意气,尤不待言也。《史记·律书》曰:"自含血戴角之兽,见犯则校,而况于人怀好恶喜怒之气?喜则爱心生,怒则毒螫加,情性之理也。"③《吕览》曰:"兵之所自来者远矣,未尝少选不用,贵贱长少贤者不肖相与同,有巨有微而已矣。察兵之微,在心而未发,兵也;疾视,兵也;作色,兵也;傲言,兵也;援推,兵也;连反,兵也;侈斗,兵也;三军攻战,兵也。此八者皆兵也,

---

① 孙氏曰:"效读为交。"
② 《孟子·告子下》。
③ 此数语亦见《淮南·兵略训》。淮南此篇,亦儒家言也。

微巨之争也。今世之以偃兵疾说者，终身用兵而不自知悖。"其说精矣。儒家之化民，重礼尤重乐，盖由此也。然兵争之事，固由一二人发踪指示，亦必多数人踊跃乐从。发踪指示之人，庸或激于意气；踊跃乐从之士，则必利其俘获之心为多。又况发踪指示者，究亦多动于争城争地之欲也？故以救世而论，则墨子之言，尤切于事情也。

尚俭之说，诸家之攻击墨子者，尤多不中理。非诸家之言之无理，乃皆昧于墨子之意也。《庄子·天下》篇论墨子曰："其生也勤，其死也薄，其道大觳。使人忧，使人悲，其行难为也……反天下之心，天下不堪。墨子虽独能任，奈天下何？"夫墨子非谓民皆丰衣足食，犹当守此勤生薄死之法也，若其途有饿莩，而犹纵狗彘以食人食，返诸人之相人偶之心，其堪之乎？《荀子·富国》篇驳墨子曰："夫不足非天下之公患也。特墨子之私忧过计也。今是土之生五谷也，人善治之，则亩数盆，一岁而再获①之。然后瓜桃枣李一本数以盆鼓。然后荤菜百疏②以泽量。然后六畜禽兽一而剸车。鼋鱼鳖鳅鳝以时别，一而成群。然后，飞鸟凫雁若烟海，然后昆虫万物生其间，可以相食养者不可胜数也。夫天地之生万物也固有余，足以食人矣；麻葛茧丝鸟兽之羽毛齿革也固有余，足以衣人矣。夫有余不足，非天下之公患也，特墨子之私忧过计也。天下之公患，乱伤之也。……墨子大有天下，小有一国：将蹙然衣粗食恶，忧戚而非乐。若是则瘠。瘠则不足欲。不足欲则赏不行。……将少人徒，省官职，上功劳苦，与百姓均事业，齐功劳。若是则不威。不威则罚不行。赏不

---

① 同穫。
② 同蔬。

行，则贤者不可得而进也；罚不行，则不肖者不可得而退也；贤者不可得而进也，不肖者不可得而退也，则能不能不可得而官也。若是则万物失宜，事变失应；上失天时，下失地利，中失人和，天下敖然，若烧若焦。墨子虽为之衣褐带索，嚽菽饮水，恶能足之乎？……故墨术诚行，则天下尚俭而弥贫，非斗而日争，劳苦顿萃而愈无功，愀然忧戚非乐而日不和。"其言甚辩。然亦思天下之乱，果衣粗食恶，忧戚非乐者致之乎？抑亦名为利民，而所冀实在乎赏，所畏惟在乎罚者致之也？狃于小康之治者，恒谓必得一贤君以治群有司，得群良有司以牧民，然后可几于治；任兼人之事者，理宜享兼人之奉，故或禄以天下而不为多。殊不知身任天下之责者，皆由其度量之超越乎寻常，初不蕲于得报。苟无其人，即倍蓰天下之禄以求之，犹是不可得也。若寻常人，则其作官，亦犹之农之耕田，工之治器，商之贸迁，求以自食焉而已。既为求食而至，公私利害相反，势必先私而后公。此言治所以不能废督责。然而督责人者，亦非人群外之天神，而群中之人也。人之度量，相去固不甚远。未尝能任天下之事，而先禄之天下，适以蛊惑颓丧其心志，使之据其位而不肯去；而其利害，浸至与民相反耳。小康之治，终非了义，职此之由。荀子之论，徒见其以病理为生理而已。

  墨子，《史记》无传。仅于《孟荀列传》后附见数语。曰："盖墨翟，宋之大夫，善守御，为节用。或曰并孔子时，或曰在其后。"《孟荀列传》，文甚错乱。此数语究为史公原文与否，颇为可疑。高诱谓墨子鲁人。此外说者或以为宋人，亦难定。以其学出于儒观之，其生当后于孔子。[①]其身即非鲁人，其学则必与鲁大有关系也。孙诒让《墨子传略》，考墨子行事颇详，今不更及。

墨家巨子，当首推禽滑釐。故《庄子·天下》篇，以之与墨翟并称。次则当推宋钘。《天下》篇以之与尹文并称。尹文事已见前章。宋钘之事，见《孟子·告子》及《荀子》中《天论》《正论》二篇。《正论》篇谓其"明见侮之不辱，使人不斗"。又曰："子宋子曰：人之情欲寡，而皆以己之情为欲多，是过也。故率其群徒，辨其谈说，明其譬称，将使人知情欲之寡也。"《天论》篇谓："宋子有见于少，无见于多。"其说实最堪注意。世之言生计学者，每以好奢为人之本性。其实侈与俭皆非人之所欲。人之本性，惟在得中。奢侈之念，亦社会之病态有以致之耳。宋子之义明，则墨者之道，"反天下之心"之难解矣。而惜乎其无传也。

孟子谓"杨朱、墨翟之言盈天下"，又谓"逃墨必归于杨，逃杨必归于儒"，则墨学在战国时极盛。然其后阒焉无闻。则墨之徒党为侠，多"以武犯禁"，为时主之所忌。又勤生薄死，兼爱天下，非多数人所能行。巨子死而遗教衰，其党徒，乃渐复于其为游侠之旧。高者不过能"不爱其躯，以赴士之阨困"，而不必尽"轨于正义"，下者则并不免"为盗跖之居民间"[②]者矣。创一说立一教者，其意皆欲以移易天下。社会中人，亦必有若干受其感化。然教徒虽能感化社会，社会亦能感化教徒。墨学中绝，即由于此。

[①] 学孔子之术，不必及孔子之门。孔子未尝称墨子，而墨子屡称孔子，即其后于孔子之证。

[②] 以上皆引《史记·游侠列传》。

第六章　纵横家

纵横家者流,《汉志》云:"盖出于行人之官。"孔子曰:诵《诗》三百,"使于四方,不能专对,虽多,亦奚以为?"又曰:"使乎使乎。言其当权事制宜,受命而不受辞,此其所长也。及邪人为之,则上诈谖而弃其信。"盖古者外交,使人之责任甚重,后遂寝成一种学问。此学盖至战国而后大成。《汉志》所谓邪人为之者,正其学成立之时也。

纵横家之书,今所传者惟《战国策》。此书多记纵横家行事,而非事实。《汉志》入之《春秋家》,后世书目,遂多以隶史部,非也。《汉书·蒯通传》:"论战国时说士权变,亦自序其说,凡八十一首,号曰《隽永》。"而《志》有《蒯子》五篇,即本传所谓《隽永》者矣。《战国策》一书,正论说士权变,并序其说者也。然此书止于备载行事,于纵横家之学理,未曾道及。纵横家之学理,转散见于诸子书中。而莫备于韩非之《说难》。今观其说曰:"凡说之难:非吾知之有以说之之难也,又非吾辩之能明吾意之难也,又非吾敢横失而能尽之难也。凡说之难:在知所说之心,可以吾说当之。所说出于为名高者也,而说之以厚利,则见下节而遇卑贱,必弃远矣。所说出于厚利者也,而说之以名高,则见无心而远事情,必不收矣。

所说阴为厚利而显为名高者也,而说之以名高,则阳收其身而实疏之;说之以厚利,则阴用其言,显弃其身矣",云云。全篇所论,皆揣摩人君心理之术。盖纵横家所言之理,亦夫人之所知,惟言之之术,则为纵横家之所独耳。①

《战国策》载苏子说秦,不用而归。妻不下机,嫂不为炊,父母不与言。乃发愤读书。期年,复说赵王,为纵约长。路过雒阳。父母闻之,清宫除道,郊迎三十里。妻侧目而视,侧耳而听。嫂蛇行匍匐,四拜自跪而谢。秦乃喟然曰:"贫穷则父母不子,富贵则亲戚畏惧。人生世上,势位富厚,盖可以忽乎哉?"世人读此,因谓当时纵横之士,皆自谋富贵之徒。此亦不然。纵横家固多自便私图,而以人之家国殉之者。然此等人,各种学术中,皆所难免。儒家岂无曲学阿世者乎?要不得以此并没真儒也。纵横家亦然。《说难》篇曰:"伊尹为宰,百里奚为虏,皆所以干其上也。此二人者,皆圣人也,然犹不能无役身以进,如此其污也。今以吾言为宰虏,而可以听用而振世,此非能仕②之所耻也。"其救世之心,昭然若揭矣。《孟子·滕文公》篇:"陈代曰:不见诸侯,宜若小然。今一见之,大则以王,小则以霸。且《志》曰:枉尺而直寻,宜若可为也。"亦此意也。《吕览·爱类》篇曰:"贤人之不远海内之路,而时往来乎王公之朝,非以要利也,以民为务故也。人主有能以民为务者,则天下归之矣。"此其用心,亦即孔子周流列国之心也。《尽心》篇载孟子之言曰:"说大人,则藐之,勿视其巍巍然。"则孟

---

① 《吕览·顺说》篇,亦论说术。
② 据《索隐》,当作士。

子亦讲说术矣。凡成为一种学术,未有以自利为心者;以自利为心,必不能成学术也。

《史记·苏秦列传》:"东事师于齐,而习之于鬼谷先生。"《集解》引《风俗通》曰:"鬼谷先生,六国时纵横家。"《法言》曰:"苏秦学乎鬼谷术。"《论衡》曰:"《传》曰:苏秦、张仪纵横,习之鬼谷先生。掘地为坑,曰:下,说令我泣出。则耐分人君之地。苏秦下,说鬼谷先生泣下沾襟。张仪不若。"①说虽不经,而鬼谷先生为战国时纵横家大师,为仪、秦之术所自出,则无可疑矣。今世所传,有《鬼谷子》十二篇。《汉志》不载。《隋志》著录三卷,有皇甫谧、乐一二注。②《史记·秦传》云:"得周书《阴符》,伏而读之。期年,以出揣摩。"《集解》曰:"《鬼谷子》有《揣摩》篇。"《索隐》引王劭云:"揣情、摩意,是《鬼谷》之二章名,非为一篇也。"又《汉书·杜周传》:"业因势而抵陒。"注引服虔曰:"抵音底,陒音戏,谓罪败而复抨弹之。苏秦书有此法。"师古曰:"一说:陒读与戏同。《鬼谷》有《抵戏》篇。"论者因谓今《鬼谷子》即《汉志》《苏子》三十一篇之残。然今书词意浅薄,决非古物。且《说苑》《史记注》《文选注》《意林》《太平御览》所引《鬼谷子》,或不见今书,或虽有之,而又相差异③,则并非《隋志》著录之本矣。即《隋志》著录之本,亦伪物也。据《史记》《风俗通》《法言》《论衡》诸书,鬼谷先生明有其人。而《索隐》引乐台注谓"苏秦欲神秘其道,

---

① 《答佞》篇。又《明雩》篇亦曰:"苏秦张仪,悲说坑中,鬼谷先生,泣下沾襟。"
② 《意林》王应麟《汉志考证》皆作乐台。
③ 见秦刻本附录。

先秦学术概论

故假名鬼谷",则以秦习业鬼谷为无其事,其不合一矣。古称某先生或某子者,多冠以氏,鲜冠以地者。而《集解》引徐广谓"颍川阳城有鬼谷,盖是其人所居,因为号"。《索隐》又谓"扶风池阳、颍川阳城,并有鬼谷墟"。扶风、颍川,并非齐地。盖以东事师于齐与习之鬼谷先生为两事。《史记》之意,恐不如此。其不合二矣。然则《隋志》所录,已为伪物;今本则又伪中之伪耳。《隋志》著录之本,既有皇甫谧注,必出于晋以前。虽为伪书,要必多存古说。《史记·太史公自序》:"圣人不朽,时变是守",《索隐》谓其语出《鬼谷》,盖正造《鬼谷》者采摭《史记》也。可以见其一斑。

第七章 兵 家

　　兵家之书，《汉志》分为权谋、形势、阴阳、技巧四家。阴阳、技巧之书，今已尽亡。权谋、形势之书，亦所存无几。大约兵阴阳家言，当有关天时，亦必涉迷信。兵技巧家言，最切实用。然今古异宜，故不传于后。兵形势之言，亦今古不同。惟其理多相通，故其存者，仍多后人所能解。至兵权谋，则专论用兵之理，几无今古之异。兵家言之可考见古代学术思想者，断推此家矣。

　　《汉志》有《吴孙子兵法》八十二篇，《齐孙子》八十九篇。今所传者，乃《吴孙子》也。《史记·孙武传》云："以兵法见于吴王阖闾。阖闾曰：子之十三篇，吾尽观之矣。"又谓："世俗所称师旅，皆道《孙子》十三篇。"则今所传十三篇，实为原书。《汉志》八十二篇，转出后人附益也。此书十之七八，皆论用兵之理，极精。

　　《史记》曰："吴起《兵法》世多有。"《韩非子·五蠹》篇曰："藏孙、吴之书者家有之。"则二家之书，在当时实相伯仲。《汉志》有《吴起》四十八篇，今仅存六篇。其书持论近正，而精义甚少。且皆另碎不成片段。盖原书已亡，而为后人所掇拾也。又《军礼司马法》百五十五篇。《汉志》出之兵家，入之于礼。此书太史公盛称之。《司

先秦学术概论

马穰苴列传》曰："齐威王使大夫追论古者《司马兵法》而附穰苴于其中，因号曰《司马穰苴兵法》。"明二家兵法，当以司马为主。太史公曰："余读《司马兵法》，闳廓深远，虽三代征伐，未能竟其义，如其文也，亦少褒矣。若夫《穰苴》，区区为小国行师，何暇及《司马兵法》之揖让乎？"亦褒司马而贬穰苴也。今所传者五篇。精义亦少。盖亦后人掇拾佚文，加以联缀者也。①

《汉志》：杂家，《尉缭》二十九篇；兵家，《尉缭》三十一篇。今《尉缭子》二十四篇，皆兵家言，盖兵家之《尉缭》也。二十四篇中，有若干篇似有他篇简错，析出，或可得三十一篇邪？又今本《六韬》，凡五十篇。题周吕望撰。世多以为伪书。然标题撰人，原属后人之谬。至著书托之古人，则先秦诸子皆然。《史记》所谓"后世之言兵，及周之阴权，皆宗太公为本谋"②也。《汉志》：道家，《太公》二百三十七篇。中有兵八十五篇。疑今之《六韬》，必在此八十五篇中矣。《六韬》及《尉缭子》，皆多存古制，必非后人所能伪为。③惟言用兵之理者较少耳。④

兵家之言，与道法二家，最为相近。孙子曰："行千里而不劳者，行于无人之地也。攻而必取者，攻其所不守也。守而必固者。守其

---

① 昔人辑佚之书，往往不注出处；又或以己意为之联缀。后人遂疑为伪书。其实书不尽伪，特辑佚之法未善而已。

② 《齐世家》。

③ 如《阴符》篇曰："主与将有阴符，凡八等。所以阴通言语，不泄中外。"正可考见古制。乃《四库提要》谓"伪撰者不知阴符之义，误以为符节之符，遂粉饰以为此言"。然则此篇之外，又有《阴书》，又缘何而伪撰邪？

④ 兵家言原理之书，存于诸子书中者，有《荀子》之《议兵》篇；《吕氏春秋》之《孟秋》《仲秋》《季秋》三纪；及《淮南子》之《兵略训》。其持论之精，皆足与孙子相匹敌。又墨子书《备城门》以下十一篇，亦兵技巧家言之仅存者。

所不攻也。"又曰："夫兵形象水，水之形，避高而趋下；兵之形，避实而击虚。水因地而制流，兵因敌而制胜。故兵无常势，水无常形。"① 此道家因任自然之旨也。又曰："百战百胜，非善之善者也，不战而屈人之兵，善之善者也。"② 又曰："昔之善战者，先为不可胜，以待敌之可胜。不可胜在己，可胜在敌。故善战者，能为不可胜，不能使敌之必可胜。故曰：胜可知而不可为。……故善战者之胜也，无智名，无勇功。故其战胜不忒。不忒者，其所措胜；胜已败者也。故善战者，立于不败之地，而不失敌之败也。"③ 此道家守约之说也。又曰："兵闻拙速，未睹巧之久也。"④ 又曰："后人发，先人至。"⑤ 又曰："善战者致人而不致于人。"⑥ 此道家以静制动之术也。又曰："善出奇者，无穷如天地，不竭如江河。终而复始，日月是也。死而复生，四时是也。声不过五，五声之变，不可胜听也。色不过五，五色之变，不可胜观也。味不过五，五味之变，不可胜尝也。战势不过奇正，奇正之变，不可胜穷也。"⑦ 又曰："善攻者敌不知其所守，善守者敌不知其所攻。微乎微乎！至于无形。神乎神乎！至于无声，故能为敌之司命。"⑧ 此则将至变之术，纳之至简之道；又自处于至虚之地，尤与道家之旨合矣。

至其用诸实际，必准诸天然之原理，亦与名法家言合。故曰：

---

① 《虚实》篇。
② 《谋攻》篇。
③ 《军形》篇。
④ 《作战》篇。
⑤ 《军争》篇。
⑥ 《虚实》篇。
⑦ 《兵势》篇。
⑧ 《虚实》篇。

先秦学术概论

"善用兵者，修道而保法，故能为胜败之政。兵法：一曰度，二曰量，三曰数，四曰称，五曰胜。地生度，度生量，量生数，数生称，称生胜。"[①]"凡治众如治寡，分数是也。斗众如斗寡，形名是也。"[②]皆名法家先审天然之条理，立法而谨守之之意。而以整齐严肃之法，部勒其人而用之，如所谓"金鼓旌旗者，所以一人之耳目也。人既专一，则通者不得独进，怯者不得独退"[③]者，尚其浅焉者已。

古有所谓仁义之师者，非尽虚语也。盖系虏之多，残杀之酷，攘夺之烈，皆后世始然。此等皆社会之病态有以致之。社会病态，亦积渐而致，非一朝一夕之故也。古所谓大同小康之世，国内皆较安和。讲信修睦之风，亦未尽废坠。偶或不谅，至于兵争，必无流血成渠，所过为墟之惨矣。即吊民伐罪，亦理所可有。后世土司，暴虐过甚，或兵争不息，政府固常易置其酋长，或代以流官也。其行军用师，诚不能如古所谓仁义之师者之纯粹；然议论总较事实稍过，太史公所为叹《司马法》闳廓深远，虽三代征伐，未能竟其义，如其文者也。然则设使社会内部，更较古所谓三代者为安和，则其用兵，亦必能较古所谓三代者为更合乎仁义。不得执社会之病态，为人性之本然，而疑其康健时之情形为夸诞之辞也。义兵之说，《吕览》而外[④]，又见孟、荀二子。荀子曰：孙吴上势利而贵变诈。暴乱昏嫚之国，君臣有间，上下离心，故可诈也。仁人在上，为下所仰；犹子弟之卫父兄，手足之扞头目。邻国望我，欢若亲戚，芬若椒兰。

[①] 《军形》篇。
[②] 《兵势》篇。
[③] 《军争》篇。
[④] 参看第五章。《淮南·兵略》，略同《吕览》。

顾视其上，犹焚灼仇雠。人情岂肯为其所恶，攻其所好哉？故以桀攻桀，犹有巧拙。以桀诈尧，若卵投石，夫何幸之有？① 此则制胜之术，初不在抗兵相加之时，而其用兵之意，亦全不在于为利，可谓倜乎远矣。

---

① 见《议兵》篇。

第八章 农 家

农家之学，分为二派：一言种树之事。如《管子·地员》《吕览》之《任地》《辨土》《审时》诸篇是也。一则关涉政治。《汉志》曰："农家者流，盖出于农稷之官。播百谷，劝耕桑，以足衣食。故八政一曰食，二曰货。孔子曰：所重民食。此其所长也。及鄙者为之，以为无所事圣王，欲使君臣并耕，悖上下之序。"君臣并耕，乃《孟子》所载。为神农之言者，许行之说。神农二字，乃农业之义，非指有天下之炎帝其人。"为神农之言"，犹言治农家之学耳。《汉志》著录，首《神农》二十篇。注曰："六国时，诸子疾时怠于农业，道耕农事，托之神农。"今《管子·揆度》篇，实引《神农之教》。《揆度》为《管子·轻重》之一。《轻重》诸篇，有及越梁事者，正六国时书。则《轻重》诸篇，皆农家言也。又有《宰氏》十七篇。注曰："不知何世。"案《史记·货殖列传集解》引《范子》曰："计然者，葵丘濮上人。姓辛氏，字文子。"而《元和姓纂》十五，海宰氏下引《范蠡传》曰："陶朱公师计然，姓宰氏，字文子，葵丘濮上人"，近人谓据此则唐人所见《集解》，辛氏本作宰氏。案宰氏果即计然，刘班无缘不知。或后人正因《汉志》之书，附会计然之姓。然必计然事迹学说，本与农家有关乃启后人附会之端。则《史记·货殖列传》所载生计学说，又多农家言矣。

盖交易之行，本在农业肇兴之世。农业社会，虽一切多能自给，而分工稍密，交易已不能无。又其时交易，率由农民兼营，尚未成为专业，故食货两字，古人往往连言。至东周而后，商业日盛，"谷不足而货有余"[①]，附庸已蔚为大国，而农商二业，犹视为一家之学也。

《管子·轻重》诸篇，所言不外三事：（一）制民之产，（二）盐铁山泽，（三）蓄藏敛散。制民之产，为农业社会制治之原。然东周以后之政治，有不能以此尽者。盖人民生活程度日高，社会分工合作益密。则日常生活，有待于交易者日多，而兼并因之而起。兼并之大者，一由山泽之地，渐为私家所占。二则工官之职，渐归私家所营。三则"岁有凶穰，故谷有贵贱；令有缓急，故物有轻重"。于是"蓄贾游于市，乘民之急，百倍其本"，遂使"知者有十倍人之功，愚者有不赓本之事"[②]矣，土地任人私占；一切事业，皆任人私营；交易赢绌，亦听其自然，官不过问。此在后世，习以为常。在古代则视为反常之事。故言社会生计者，欲将盐铁等业，收归官营，人民之借贷，由官主之，物价之轻重，亦由官制之也。此为农家言之本义。以此富国而倾敌，则其副作用耳。汉世深通此术者为桑弘羊，读《盐铁论》可知。惜其持论虽高，及其行之，则仅为筹款之策。王莽六筦及公司市泉府，所行亦此派学说。惜乎亦未有以善其后也。

此派学说。必深观百物之盈虚消息，故用其术亦可以富家。《史

[①] 《汉书·货殖列传》语。
[②] 《管子·国蓄》。

记·货殖列传》所载计然、范蠡、白圭之徒是也。计然之说曰："知斗则修备，时用则知物。二者形，则万货之情，可得而观已。"此盖深观市情，以求制驭之之术。其观察所得，为"贵上极则反贱，贱下极则反贵"。故白圭"乐观时变"，"人弃我取，人取我予"也。其行之之术，重于"择人而任时"。故"薄饮食，忍嗜欲，节衣服，与用事僮仆同苦乐。趋时若鸷鸟猛兽之发"。白圭又曰："吾治生产，犹伊尹、吕尚之谋，孙吴用兵，商鞅行法是也。是故其智不足与权变，勇不足以决断，仁不能以取予，强不能有所守，虽欲学吾术，终不告之矣。"其术则可谓善矣。然徒以之富家，终非治道术者之本意也。

轻重一派，深知社会生计之进化，出于自然，无可违逆。《史记·货殖列传》曰："老子曰：郅治之极，邻国相望，鸡狗之声相闻，民各甘其食，美其服，安其俗，乐其业，至老死不相往来。必用此为务，挽近世涂民耳目，则几无行矣。太史公曰：夫神农以前，吾不知已。至若《诗》《书》所述虞、夏以来，耳目欲极声色之好，口欲穷刍豢之味，身安逸乐，而心矜势能之荣。使俗之渐民久矣，虽户说以眇论，终不能化。故善者因之，其次利道之，其次教诲之，其次整齐之，最下者与之争。"此极言日趋繁盛之社会，断不能以人力挽之，使返于榛狉之世也。社会改革，当从组织加之意。至于生利之术之进步，人民对天然知识之增加，暨其享用之饶足，与风气之薄恶，了不相干。恶来世之浇漓，遂欲举一切物质文明，悉加毁弃，正医家所谓诛伐无过；不徒事不可行，本亦药不对证也。此义论道家时已详言之。观《史记》之言，则古人久知之矣。

轻重一派，近乎今之国家社会主义。许行之言，则几于无政府主义矣。行之言曰:"滕君,则诚贤君也。虽然,未闻道也。贤者与民并耕而食,饔飧而治。今也,滕有仓廪府库,则是厉民而以自养也,恶得贤?"其徒陈相则曰:"从许子之道,则市价不贰,国中无伪;虽使五尺之童适市,莫之或欺。布帛长短同,则贾相若;麻缕丝絮轻重同,则价相若",云云。此等说,今人无不闻而骇。而无庸骇也。郅治之极,必也荡荡平平,毫无阶级。而阶级之兴,首由生计。政治既成职业,从事于此者,势必视为衣食之图,其利害遂与民相反,政治总无由臻于极轨,论墨学时已言之。许行必欲返诸并耕,盖由于此。其于物价,欲专论多寡,不计精粗,亦欲率天下而返于平等。孟子谓:"夫物之不齐,物之情也。""巨屦小屦同价,人岂为之哉?"谓精粗同价,必无肯为其精者。而不知许子之意,正欲汰其精而存其粗也。此似举社会之文明而破坏之者。然至全社会之生计皆进步时,物之精者将自出。若大多数人,皆不能自给,而糜人工物力,造精巧之物,以供少数人之用,则衡以大同郅治之义,本属不能相容。许子之言,自有其理。特习于小康若乱世之俗者,不免视为河汉耳。

第九章　阴阳数术

《汉志》阴阳，为诸子十家之一，数术则别为一略，盖由校书者之异其人，说已见前。论其学，二家实无甚区别。盖数术家陈其数，而阴阳家明其义耳。故今并论之。

司马谈《论六家要指》曰："阴阳之术，大祥而众忌讳，使人拘而多所畏。然其序四时之大顺，不可失也。"《汉志》亦曰："阴阳家者流，盖出于羲和之官，敬顺昊天，历象日月星辰，敬授民时，此其所长也。及拘者为之，则牵于禁忌，泥于小数，舍人事而任鬼神。"盖所长者在其数，所短者在其义矣。然阴阳家者流，亦非皆拘牵禁忌之徒也。

阴阳家大师，当首推邹衍。《史记》述其学云："深观阴阳消息而作怪迂之为，《终始》《大圣》之篇，十余万言。其语闳大不经，必先验小物，推而大之，至于无垠。先序今以上至黄帝，学者所共术，大并世盛衰，因载其祥度制，推而远之，至天地未生，窈冥不可考而原也。先列中国名山大川，通谷禽兽，水土所殖，物类所珍，因而推之，及海外人之所不能睹。称引天地剖判以来，五德转移，治各有宜,而符应若兹。① 以为儒者所谓中国者,于天下,乃八十一分居其一分耳。中国名曰赤县神州。赤县神州内,自有九州,禹之序九州是也,不得为州数。中国外如赤县神州者九,乃所谓九州也。于是有裨海环之,人民禽兽,莫能相通者,如一区中者,乃为一州。如此者九,乃有大瀛海环其外,天地之际焉。其术皆此类也。"史事地理,均以意推测言之,由今日观之,未免可骇。然宇宙广大无边,决非实验所能尽。实验所不及,势不能不有所据以为推,此则极崇实验者所不能免。邹衍之所据,庸或未必可据;其所推得者,亦未必可信。然先验细物,推而大之,其法固不误也。

庄周有言:"六合之外,圣人存而不论。"多闻且当阙疑,何乃驰思太古之初,矫首八荒之外,专腐心于睹记所不及乎?不亦徒劳而无益哉?邹子之意,盖病恒人之所根据,失之于隘也。原理寓于事物。事务繁多,必能博观而深考之,籀其异同,立为公例,所言乃为可信。否则凭狭隘之见闻,立隅曲之陋说,不免井蛙不可语海,夏虫不可语冰之诮矣。此邹子所以骛心闳远,于睹记之所不及者,必欲有所据以为推也。《盐铁论·论邹》篇谓:"邹子疾晚世儒墨,守一隅而欲知万方",其意可见。夫于睹记之所不及者,且欲有所据以为推,岂有于共见共闻者,反置而不讲之理?故邹子之学,谓其骛心闳远可,谓其徒骛心于闳远,则不可也。

邹子之学,非徒穷理,其意亦欲以致治也。《汉志》著录衍书,有《邹子》四十九篇,又有《邹子终始》五十六篇。其终始之说,见《文

---

① 此二十一字,疑当在"大并世盛衰"下。大当作及。

选·齐安陆昭王碑注》。谓虞土，夏木，殷金，周火，从所不胜。秦人以周为火德，自以为水德，汉初又自以为土德，皆行其说也。《汉书·严安传》：安上书引邹子曰："政教文质者，所以云救也。当时则用，过则舍之，有易则易之。"则五德终始之说，原以明政教变易之宜，实犹儒家之通三统，其说必有可观矣。《史记》谓邹奭"颇采邹衍之术"；又谓衍之术，迂大而闳辩，奭也文具难施，则邹奭似更定有实行之方案者。岂本衍之理论为之邪？《汉志》载《邹奭子》十二篇。又有《公梼生终始》十四篇，注曰："传邹奭终始。"岂即传其所定实行之方案者邪？虽不可知，然其说必非汉之方士经生，徒求之服饰械器之末者可比矣。而惜乎其无传也。

《史记·项羽本纪》载范增说项梁，引楚南公之言曰："楚虽三户，亡秦必楚。"《汉志》阴阳家，有《南公》三十一篇。注曰："六国时。"《史记正义》曰："服虔云：三户，漳水津也。孟康云：津峡名也，在邺西三十里。……南公辨阴阳，识废兴之数，知秦亡必于三户，故出此言。后项羽果渡三户津，破章邯军，降章邯，秦遂亡。"说近附会。①然《汉志》谓南公在六国时，而《集解》引徐广亦谓其善言阴阳，则必为一人可知。岂范增引南公此言，虽无以为预言之意，而楚人之重南公之言而传之，则实以其为阴阳家有前识故邪？若然，则当时之阴阳家，不独能如邹衍之顺以臧往，并能逆以知来矣。或不免泥于小数之讥也？

《汉志》天文家，有《图书秘记》十七篇。此未必即后世之谶

---

① 果如所言，虽字何解？况上文曰："夫秦灭六国，楚最无罪。自怀王入秦不反，楚人怜之至今"，仅为亡国怨愤之词，绝未涉及预言之义邪？

纬。①然谶纬之作，有取于天文家者必多，则可断言也。历谱家有《帝王诸侯世谱》二十卷，《古来帝王年谱》五卷。使其书亦如《史记》世表、年表之类，安得入之数术？②疑亦必有如《春秋纬》所谓"自开辟至于获麟，三百二十七万六千岁，分为十纪"等怪迂之说矣。此说如确，则其所用之术，颇与邹衍相类。故知学术思想，无孑然独立者，并时之人，必或与之相出入也。

《洪范》五行，汉人多以之言灾异，殊不足取。然亦自为当时一种哲学。若更读《白虎通义·五行》篇，则其网罗周遍，尤有可惊者。此篇于一切现象，几无不以五行生克释之。其说亦间有可采。犹著龟本所以"决嫌疑，定犹豫"，而《易》亦成为哲学也。

诸家中思想特异者，当推形法。《汉志》曰："形法者，大举九州之势以立城郭宫舍，形人及六畜骨法之度数，器物之形容，以求其声气贵贱吉凶。犹律有长短，而各征其声，非有鬼神，数自然也。"③此今哲学所谓唯物论也。《汉志》又曰："然形与气相首尾，亦有有其形而无其气，有其气而无其形，此精微之独异也。"则驳唯物之说者也。中国哲学，多偏于玄想，惟此派独立物质为本。使能发达，科学或且由是而生，惜其未能耳。

《汉志》数术略六家，其书无一存者。惟《山海经》，形法家著录十三篇，今传世者十八篇。因多信其书非全伪。然今之所传，必非《汉志》之所著录，不在篇数多少之间也。《汉志》"大举九

---

① 《后汉书·张衡传》载衡之言曰："刘向父子，领校秘书，阅定九流，亦无谶录。"则《七略》中不得有谶。
② 当入之春秋家矣。
③ 然，成也。

州之势以立城郭宫舍",二语相连。"大举九州之势",乃为"以立城郭宫舍"言之。谓九州地势不同,立城郭宫舍之法,各有所宜也。《王制》曰:"凡居民材,必因天地寒暖燥湿,广谷大川异制",盖即此理。《管子·度地》篇所载,则其遗法之仅存者也。《汉志》著录之书:曰《国朝》,曰《宫宅地形》,皆"立城郭宫舍之法"。曰《相人》,曰《相宝剑刀》,曰《相六畜》,则所谓"形人及六畜骨法之度数,器物之形容"者。《山海经》一书,盖必与"大举九州之势"有关,然仍必归宿于"立城郭宫舍之法",乃得著录于形法家。若如今之《山海经》,则全是记山川及所祀之神,与形法何涉?《汉书·郊祀志》载汉时所祠山川极多,多由方士所兴。方士虽怪迂,其所兴祠,亦不能全行凿孔,必其地旧有此说。今之《山海经》盖当时方士,记各地方之山川,及其所祀之神者[①],乃宗教家之书,非形法家言,并非地理书也。以《汉志》体例论,当援《封禅群祀》之例,人之礼家耳,与形法何涉?

[①] 此以大部分言。其又一部分,则后人以当时所知之外国地理附益之。此说甚长,当别论。

第十章 方 技

方技一略,《汉志》分为四家:曰医经,曰经方,曰房中,曰神仙。医经为医学,经方为药物学,房中亦医学支派。三者皆实在学问;循序前进,本可成为正当科学,不徒本身有用,亦于他种学问有裨,惜乎未能如此,顾以阴阳五行等说涂附之耳。神仙一家,在当时似并无理论根据。及后世,因缘际会,乃与儒释并称三教。此则奇之又奇者也。①

先秦医籍,传于后世者,凡有四家②:(一)《素问》;(二)《灵枢》,皇甫谧以当《汉志》之《黄帝内经》③;(三)《难经》,托诸扁鹊,疑为《汉志》《扁鹊内外经》之遗;(四)《神农本草经》。《汉志》有《神农黄帝食禁》七卷。《周官医师》疏引作《食药》。孙星衍谓《汉志》之禁字实讹,盖即今《神农本经》之类也。说皆不知信否。然《曲礼》:"医不三世,不服其药。"疏引旧说曰:"三世者,一曰黄帝针灸,二曰素女脉诀,三曰神农本草。"似古代医学,分此三科,传于今之《灵枢经》,为黄帝针灸之遗,《难经》为脉诀一科,《本

---

① 参看附录三、四。
② 虽有后人羼杂,然大体以先秦旧书为依据。
③ 见《甲乙经》序。

· 149 ·

经》则神农本草一科也。① 三者并方技家质朴之辞。惟《素问》一书，多言五行运气，为后世医家理论所本。②

神仙之说，起于燕、齐之间，似因海市蜃楼而起。故其徒之求神仙者，必于海中也。神仙家之特色，在谓人可不死。古无谓人可不死者。《礼记·檀弓》曰："骨肉归复于土，命也。若魂气，则无不之也。"《礼运》曰："体魄则降，知气在上。"《祭义》曰："众生必死，死必归土。骨肉毙于下，阴为野土。其气发扬于上为昭明，焄蒿凄怆。"盖吾国古代，以为天地万物，皆同一原质所成，而此等原质，又分为轻清、重浊二类。轻清者上为天，重浊者下为地。人之精神，即《檀弓》所谓"魂气"，《礼运》所谓"知气"，《祭义》所谓"昭明之气"，乃与天同类之物，故死而上升。人之体躯，即《檀弓》及《祭义》所谓"骨肉"，《礼运》所谓"体魄"，则与地同类之物，故死而下降。构成人身之物质，原与构成天地之物质同科，

---

① 三世非父祖子孙传相，犹夏殷周称三代。
② 中国医学，可分三期：自上古至汉末为一期。其名医：《汉志》谓"太古有岐伯、俞拊，中世有扁鹊、秦和"。列传于史者，前有仓公，后有华佗。而方论为后人所宗者，又有张机。此期医学，皆有专门传授，犹两汉经学，各有师承也。魏晋而后，专门授受之统绪，渐次中绝。后起者乃务收辑古人之遗说，博求当世之方术。其书之传于后者：有皇甫谧之《甲乙经》，巢元方之《诸病源候总论》，孙思邈之《千金方》，罗素之《外台秘要方》。至宋之《惠民和剂局方》而结其局。此一时期也，务掇拾古人之遗逸，实与南北朝、隋、唐义疏之学相当也。北宋时，士大夫之言医者，始好研究《素问》，渐开理论医学之端。至金、元之世，名医辈出，而其业始底于成。直至今日，医家之风气，犹未大变。此一时期，盖略与宋、明之理学相当。清儒考据之学，于医家虽有萌蘖，未能形成也。各种学问之发达，皆先术而学后，即先应用而后及于原理，惟医亦然。北宋以前，医经、经方两家，皆偏于治疗之术，罕及病之原理。虽或高谈病理，乃取当时社会流行之说，如阴阳五行等，以缘饰其学，非其学术中，自能生出此等理论也。宋人好求原理，实为斯学进化之机。惜无科学以为凭借，仍以阴阳五行等，为推论之据。遂至非徒不能进步，反益入于虚玄矣。此则古代医学，本与阴阳五行等说相附丽之流毒也。中国术数之学，其精处，亦含有数理哲学之意，然终不脱迷信之科臼，弊亦坐此。

· 150 ·

故曰："民受天地之中以生"[1]，又曰"万物负阴而抱阳，冲气以为和"[2]也。然则鬼神者，亦曾经构成人身之物质，今与其体魄分离而已矣。此为较进步之思想。其未进步时之思想，则所谓神所谓鬼者，皆有喜怒欲恶如人，墨子之所明者是也。偏于物质者，为形法家之说，可谓之无鬼论。此三说者，其有鬼无鬼不同；同一有鬼也，其所谓鬼者又不同；要未有谓人可不死者。求不死者俗情，谓人可不死者，天下之至愚也；曾是言道术者而有是乎？古人虽愚，亦岂可诳。故知必缘海上蜃气，现于目前；城郭人物，一一可睹；目击其状，而不解其理，乃有以坚其信也。神仙家之说，其起源盖亦甚早。《汉书·郊祀志》谓齐威、宣、燕昭王，皆尝使人入海求三神山。然其说实不起于战国。《左氏》载齐景公问晏子："古而无死，其乐何如？"古无为不死之说者，景公所称，必神仙家言也。神仙家皆言黄帝。黄帝东至于海，登丸山[3]，而邑于涿鹿之阿，实燕、齐之地。得毋方士术虽怪迂，而其托诸黄帝，固不尽诬邪？然其无理论以为根据，则无俟再计矣。神仙家求不死之术，大抵有四：一曰求神仙，二曰导引，三曰服饵，四曰御女。求神仙不足道。导引、服饵、御女，皆医经、经方、房中三家之术也。今所传《素问》，屡称方士。后世之方士，亦时以金丹等蛊惑人主。张角等又以符咒治病，诳惑小民。符咒者，古之祝由，亦医家之术也。则知神仙家虽不足语于道术，而于医药之学，则颇有关矣。《汉志》列之方技，诚得其实也。

---

[1] 《左传》成公十三年。
[2] 《老子》。
[3] 《汉志》作凡山，在琅邪朱虚县。

附录三[①]

天下事无可全欺人者。人之必死，众目所共见也。以不死诳人，其术拙矣。然时人信之甚笃，盖亦有由。淫祀之废也，成帝以问刘向。向言："陈宝祠自秦文公至今七百余岁矣，汉兴世世常来。光色赤黄，长四五丈，直祠而息，音声砰隐，野鸡皆雊。每见雍太祝祠以太牢，遣候者乘乘传驰诣行在所，以为福祥。高祖时五来，文帝二十六来，武帝七十五来，宣帝二十五来，初元元年以来亦二十来。"此众目昭见之事，非可虚诳。盖自然之象，为浅知者所不能解，乃附会为神怪。其说诬，其象则不虚也。神仙之说，盖因海上蜃气而起，故有登遐倒景诸说，而其所谓三神山者，必在海中，而方士亦必起于燕、齐耳。

《史记·封禅书》曰："三神山者，其传在勃海中，去人不远。患且至，则船风引而去。盖尝有至者，诸仙人及不死之药皆在焉。其物禽兽尽白，而黄金银为宫阙。未至，望之如云。及到，三神山反居水下。临之，风辄引去，终莫能至云。"《汉书·郊祀志》：谷永述当时言神仙者之说，谓能"遥[②]兴轻遐举，登遐倒景，览观县圃，浮游蓬莱"。司马相如《大人赋》曰："世有大人兮，在于中州。宅弥万里兮，曾不足以少留。悲世俗之迫隘兮，朅轻举而远游。

[①] 此与下附录四，皆予读汉书札记。因辞太繁，故仅节录。
[②] 同遥。

垂绛幡之素蜺兮，载云气而上浮。"皆可见神仙之说初兴，由厴气附会之迹。

神仙家之说，不外四端：一曰求神仙，二曰练奇药，三曰导引，四曰御女。练药、导引、御女，皆与医药相关。《汉志》神仙家，与医经、经方、房中同列方技，盖由于此。然奇药不必自练，亦可求之于神仙。《史记·封禅书》：三神山尝有至者，诸仙人及不死之药皆在焉；又谓始皇"南至湘山，遂登会稽，并海上，冀遇海中三神山之奇药"是也。《史记·淮南王传》：伍被言：秦使徐福入海。"还为伪辞曰：臣见海中大神，言曰：汝西王之使邪？臣答曰：然。汝何求？曰：愿请延年益寿药。神曰：汝秦王之礼薄，得观而不得取。"尤显而可见。此与自行练药者，盖各为一派。

服食与练药，又有不同。练药必有待于练，服食则自然之物也。《后汉书》注引《汉武内传》，谓封君达初服黄连五十余年，却俭多食茯苓，魏武能饵野葛是也。《华佗传》云："樊阿从佗求方可服食益于人者，佗授以漆叶青黏散。"注引《佗别传》曰："本出于迷入山者，见仙人服之，以告佗。"此神仙家言与医家相出入者。

导引之术，亦由来甚久。《庄子》已有熊经鸟申之言。《汉书·王吉传》吉谏昌邑王游猎曰："休则俯仰屈申以利形，进退步趋以实下，吸新吐故以练臧，专意积精以适神，于以养生，岂不长哉！"王褒《圣主得贤臣颂》曰："何必偃仰屈信若彭祖，呴嘘呼吸如乔、松。"崔实《政论》曰："夫熊经鸟伸，虽延历之术，非伤寒之理；呼吸吐纳，虽度纪之道，非续骨之膏。"仲长统《卜居论》曰："呼吸精和，求至人之方佛。"皆导引之术也。《华佗传》："佗语吴普曰：

古之仙者为导引之事,熊经鸱顾,引挽要体,动诸关节,以求难老。吾有一术,名五禽之戏:一曰虎,二曰鹿,三曰熊,四曰猨,五曰鸟,亦以除疾,兼利蹄足,以当导引。"则导引又医家及神仙家之所共也。

《后汉书》言普行五禽之法,年九十余,耳目聪明,齿牙完坚,此行规则运动之效,首见于史者。注引《佗别传》曰:"普从佗学,微得其方。魏明帝呼之,使为禽戏,普以年老,手足不能相及,粗以其法语诸医。普今年将九十,耳不聋,目不冥,牙齿完坚,饮食无损。"云手足不能相及,盖其戏即今所传《八段锦》中所谓"两手攀足固肾要"者。《后书》注曰:"熊经,若熊之攀枝自悬也。鸱顾,身不动而回顾也。"云若攀枝自悬,则未必真有物可攀,亦不必其真自悬。窃疑《八段锦》中所谓"两手托天理三焦",即古所谓熊经者。身不动而回顾,其为《八段锦》中之"五劳七伤望后瞧",无疑义矣。《后汉书》又云:"冷寿光行容成公御妇人法,常屈颈息,须发尽白,而色理如三四十时。王真年且百岁,视之面有光泽,似未五十者。自云:周流登五岳名山;悉能行胎息、胎食之方。漱舌下泉咽之。不绝房室。①孟节能含枣核不食,可至五年十年。又能结气不息,状若死人,可至百日半年。"胎食、胎息,即今所谓吞津及河车搬运之术。静之至,自可不食较久。二百余日或有之,云五年十年,则欺人之谈也。不息若死,亦其息至微耳。魏文帝《典论》曰:"甘陵甘始,名善行气,老而少容。始来,众人无不鸱视狼顾,

---

① 注引《汉武内传》:"王真习闭气而吞之,名曰胎息。习漱舌下泉而咽之,名曰胎食。真行之,断谷二百余日,肉色光美,力并数人。"又引《抱朴子》曰:"胎息者,能不以鼻口嘘翕,如在胎之中。"

呼吸吐纳。军祭酒弘农董芬，为之过差，气闭不通，良久乃苏。"盖导引宜顺自然，又必行之有序，而与日常起居动作，亦无不有关系。山林枯槁之士，与夫专以此为事者，其所行，固非寻常之人所能效耳。

房中，神仙，《汉志》各为一家，其后御女，亦为神仙中之一派。盖房中本医家支流，神仙亦与医家关系甚密耳。《后汉书·方术传》言甘始、东郭延年、封君达三人，率能行容成御妇人术。又冷寿光，亦行容成御妇人法。魏文帝《典论》谓："庐江左慈，知补导之术。慈到，众人竞受其术。至寺人严峻，往从问受。奄竖真无事于斯，人之逐声，乃至于是。"此并《汉志》所谓房中之传。《史记·张丞相列传》言："妻妾以百数，尝孕者不复幸。"盖亦其术。此尚与神仙无涉。《汉书·王莽传》：莽以郎阳成修言。黄帝以百二十女致神仙。因备和嫔、美御，与方士验方术，纵淫乐。则房中、神仙合为一家矣。

附录四

道家之说，与方士本不相干。然张修、于吉等，不惟窃其言，抑且窃其书以立教，一若奉为先圣先师，而自视为其支流余裔者。[①]何哉？予谓方士之取老子，非取其言，而取其人；其所以取其人，则因道家之学，以黄、老并称；神仙家亦奉黄帝。黄、老连称，既

---

① 案张修使人为奸令祭酒，祭酒主以《老子》五千文使都习，见《三国志·张鲁传》注引《典略》。于吉有《太平清领经》，见《后汉书·襄楷传》注引《太平经·帝王》篇，有"元气有三名：太阳、太阴、中和"；"人有三名：父、母、子"之语。盖窃老子"一生二，二生三，三生万物"，"负阴而抱阳，冲气以为和"之说者也。

为世所习熟，则因黄帝而附会老子，于事为甚便耳。

《后汉书·襄楷传》楷上书言："闻宫中立黄、老、浮屠之祠。"《桓帝纪》延熹九年，七月，庚午，"祠黄、老于濯龙宫"，盖即楷所斥。先是八年，正月，"遣中常侍左之苦县祠老子"。十一月，"使中常侍管霸之苦县祠老子"，所以但祠老子者，以之苦县之故，一岁中遣祠老子至再。则祠黄、老之事，史不及书者多矣。《续书·祭祀志》："桓帝即位十八年，好神仙事。延熹八年，初使中常侍之陈国苦县祠老子。九年，亲祠老子于濯龙。文罽为坛，饰淳金器，设华盖之坐，用郊天乐也。"此与《后书》帝纪所言同事。而九年之祠，纪言黄老，志但言老子。纪又曰："前史称桓帝好音乐，善鼓笙。饰芳林而考濯龙之宫，设华盖以祠浮图、老子，斯将所谓听于神乎！"注："前史谓《东观记》也。"以考濯龙与祠老子对言，则濯龙之祠，所重盖在黄帝。黄帝无书，而老子有五千文在。治符咒治病者且取之，而后此之以哲理缘饰其教者，不必论矣。《典略》言张修之法略与张角同，而《后汉书·皇甫嵩传》言张角奉祀黄、老道，此张修之使入都习《老子》，为由黄帝而及之铁证也。楷之疏曰："闻宫中立黄、老、浮屠之祠。此道清虚，贵尚无为；好生恶杀，省欲去奢。今陛下嗜欲不去，杀罚过理。既乖其道，岂获其祚哉！或言老子入夷狄为浮屠。浮屠不三宿桑下，不欲久生恩爱，精之至也。天神遗以好女，浮屠曰：此但革囊盛血。遂不眄之。其守一如此，乃能成道。今陛下淫女艳妇，极天下之丽；甘肥饮美，单天下之味；奈何欲如黄、老乎？"此所谓老子之道，全与道家不合，盖方士所附会也。《楚王英传》："晚节更喜黄、老，学为浮屠斋戒祭祀。永平八年，诏令天下死罪皆入缣赎。英遣郎中令奉黄缣白纨三十匹诣国相。……国相以闻。诏报曰：楚王诵黄老之微言，尚浮屠之仁慈，洁斋三月，与神为誓。何嫌何疑，当有悔吝？其还赎，以助伊蒲塞桑门之盛馔。"此所谓黄老学者，亦非九流之道家，乃方士所附会也。然则黄老、神仙、浮屠三者，其轇葛不清旧矣，而桓帝亦沿前人之波而逐其流耳。

又不独淫昏之君主藩辅然也，枯槁之士亦有之。《后汉书·逸民传》：矫慎，少好黄老，隐遁山谷，因穴为室，仰慕松、乔导引之术。汝南吴苍遗书曰："盖闻黄、老之言，乘虚入冥，藏身远遁；亦有理国养人，施于为政。至如登山绝迹，神不著其证，人不睹其验。吾欲先生从其可者，于意何如？"此风以治道家之黄、老，绝神仙家所托之黄、老也。仲长统《卜居论》曰："安神闺房，思老氏之玄虚。呼吸精和，求至人之仿佛。"亦以道家与神仙家之言并称。

又《陈愍王宠传》："熹平二年，国相师迁追奏前相魏愔与宠共祭天神，希冀非幸，罪至不道。……槛车传送愔、迁诣北寺诏狱。使中常侍王酺与尚书令、侍御史杂考。愔辞与王共祭黄老君，求长生福而已，无它冀幸。"刘攽《刊误》曰："黄老君不成文，当云黄帝老君。"《刊误补遗》曰："《真诰》云：大洞之道，至精至妙，是守素真人之经。昔中央黄老君秘此经，世不知也。则道家又自有黄老君。"案言中央黄老君，似指天神中之黄帝，则正实师迁所奏。而当时迁以诬告其王诛死，足见《后汉书》所云，非《真诰》所载，贡父之说，为不误也。①

---

① 或《后汉书》衍君字。

第十一章 小说家

　　小说家之书，今亦尽亡。据《汉志》存目观之，则有《伊尹说》《鬻子说》《师旷》《务成子》《天乙》《黄帝说》，盖立说托诸古人者。有《周考》，注曰："考周事也。"又有《青史子》，注曰："古史官记事也。"盖杂记古事者。《汉志》于《伊尹说》下曰："其语浅薄，似依托也。"《鬻子说》下曰："后世所加。"《师旷》下曰："其言浅薄，似因托之。"《务成子》下曰："称尧问，非古语。"《天乙》下曰："其言非殷时，皆依托也。"《黄帝说》下曰："迂诞依托。"则其说盖无足观。故不得与九流并列也。然武帝时，虞初所撰之《周说》，至九百四十三篇。应劭曰："其说以《周书》为本。"盖《周考》之类。又有《百家》，百三十九卷，不知为谁所撰。《史记·五帝本纪》，谓"《百家》言黄帝，其文不雅驯"。似即此《百家》。则亦杂记古事者。观二书篇卷之富，则小说家之多识往事，实可惊矣。

　　《汉志》曰："小说家者流，盖出于稗官。街谈巷语，道听途说者之所造也。孔子曰：虽小道，必有可观者焉，致远恐泥，是以君子勿为也。然亦勿灭也。闾里小知者之所及，亦使缀而不忘。如或一言可采，此亦刍荛狂夫之议也。"曰"街谈巷语"，曰"道听途说",曰"君子勿为",曰"闾里小知所及",曰"刍荛狂夫之议",则此一家之说,虽出自稗官,实为人民所造;稗官特搜集之,如采诗者之采取民间歌谣而已。古代学术,为贵族所专,人民鲜事研究。即有聪明才智之士,阅历有得,发为见道之言,而既乏俦侣之切磋,复无徒党之传播,其不能与九流媲美,固无足怪。然十室之邑,必有忠信;三人同行,必有我师;集千百闾里小知者之所为,亦必有君子之虑所勿及者,且必深可考见古代平民之思想,而惜乎其尽亡也。

《御览》八百六十八引《风俗通》:谓宋城门失火,取汲池中以沃之,鱼悉露见,但就取之。其说出于《百家》。案此说古书用之者甚多。《风俗通》之言而确,则古书中此类之说,尚必有取自小说家者。小说家之书虽亡,而未可谓之尽亡也。惜无所据以辑之耳。

第十二章 杂 家

杂家者流,《汉志》曰:"盖出于议官。兼儒、墨,合名、法,知国体之有此,见王治之无不贯,此其所长也。"体者,四支百体之体,诸子之学,除道家为君人南面之术,不名一长外,余皆各有所长;犹人身百骸,阙一不可;故曰知国体之有此。杂家兼容而并苞之,可谓能揽治法之全。所以异于道家者,驱策众家,亦自成为一种学术,道家专明此义,杂家则合众说以为说耳。虽集合众说,亦可称为一家者。专门家虽有所长,亦有所蔽。如今言政治者或偏见政治之要,言军事者或偏见军事之要,不惜阁置他事以徇之。然国事当合全局而统筹,实不宜如此。惟杂家虽专精少逊,而闳览无方,故能免此弊而足当议官之任。此后世所谓通学者之先驱也。[①]

杂家之书,存于今者,为《尸子》及《吕氏春秋》。《尸子》仅有后人辑本[②],阙佚已甚。就其存者,大抵为儒、道、名、法四家之言。《吕氏春秋》,则首尾大略完具,编次亦极整齐。不徒包蕴弘富,并可借其编次,以考见古代学术之条理统系,诚艺林之瑰宝也。

---

① 参看第一编第五章。
② 以汪继培本为最善。

《史记·吕不韦传》谓不韦"使其客人人著所闻，集论以为八览、六论、十二纪，二十余万言。以为备天地万物古今之事。号曰《吕氏春秋》。布咸阳市门，县千金其上，延诸侯游士宾客，有能增损一字者，予千金"。其述作之时，规模之闳大，去取之谨慎，可以想见。高诱注此书，多摘其中事实误处，谓扬子云恨不及其时，车载其金而归。①不知古人著书，重在明义；称引事实，视同寓言；人物差违，非所深计。增损及于一字，庸或传者已甚之辞，亦非古人著书之体。然当时之集思广益，不惮博采周咨，则概可见矣。此其所以能成此包蕴弘富，条理明备之作欤？若高诱之言，则适成其为高诱之见而已。旧作《读吕氏春秋》一篇，可见此书编纂之条理。今录于后，以见当时"集论"之法焉。

《吕氏春秋》二十六篇。凡为纪者十二，为览者八，为论者六。其编次，实当以览居首，论次之，纪居末。《史记·本传》称此书为《吕氏春秋》，《汉志》同，盖此书之本名。《太史公自序》及《报任少卿书》又称此书为《吕览》。盖以览居全书之首，故有是简称，一也。古书自序，率居全书之末，今此书序意，实在十二纪后，二也。《有始览》从天地开辟说起，宜冠全书之首，三也。毕氏沅泥《礼运》注疏谓以十二纪居首，为春秋所由名。②梁氏玉绳，初本谓览当居首，后乃变其说，自同于毕氏，非也。《礼运》郑注，并无以春秋名书，由首十二纪之意。古人著书，以春秋名者多矣，岂皆有十二纪以冠其首邪？

此书二十六篇，《汉志》以下皆同。③今本诸览论纪之下，又各

---

① 见《慎人》《适威》二篇注。
② 说本王应麟，见《玉海》。
③ 庚仲容《子钞》陈振孙《书录解题》作三十六，三盖误字。《文献通考》作二十，则又夺六字也。

有其所属之篇，都数为百六十，与《玉海》引王应麟之说相符。卢氏文弨曰："《序意》旧不入数，则尚少一篇。此书分篇极为整齐，十二纪纪各五篇，六论论各六篇，八览当各八篇。今第一览止七篇，正少一。《序意》本明十二纪之义，乃末忽载豫让一事，与《序意》不类。且旧校云，一作《廉孝》，与此篇更无涉。即豫让亦难专有其名。窃疑《序意》之后半篇俄空焉，别有所谓《廉孝》者，其前半篇亦脱，后人遂强相符合，并《序意》为一篇，以补总数之阙。《序意》篇首无六曰二字，于目中专辄加之，以求合其数。"案卢说是也。古书之存于今者，大率掇拾于丛残煨烬之余，编次错乱，略无法纪。此书独不然。即就此一端论，已为艺林之瑰宝矣。

八览、六论、十二纪之分，必此书固所有。其下各篇细目，不知其为固有，抑为后人所为？然要得古人分章之意。《四库提要》谓惟夏令多言乐，秋令多言兵，似乎有意，其余绝不可晓，谬矣。今试略论之。八览为全书之首，《有始览》又居八览之首，故从天地开辟说起。其下《应同》，言祯祥感应之理，因天以及人也。《去尤》《听言》《谨听》三篇，论人君驭下之道，《务本》言人臣事君之理。《谕大》言大小交相恃，犹言君臣交相资。此篇盖总论君若臣治国之道，而本之于天者也。《孝行览》言天下国家之本在身，身之本在孝。其下各篇，多论功名所由成。盖从创业时说起，故追念及于始祖也。《慎大览》言居安思危之义。所属各篇，言人君用贤，人臣事君及治国之道，皆守成之义。《先识览》专从识微观变立论。《审分览》明君臣之分职。《审应览》言人君听说之道。《离俗览》言用人之方。《恃君览》言人之乐群，由于群之能利人；群之能利人，由君道之立。因论人君不当以位为利；及能利民者当立，不利民者当替之道；并博论国家之所谓祸福。凡八览，盖本之于天，论国家社会成立之由，及其治之之术者也。六论：《开春论》言用人之术。《慎行论》明利害之辨。《贵直论》言人君当求直臣。《不苟论》言当去不肖。《似顺论》言百官之职，无可不慎；因及谨小慎微之义。《士容论》首二篇言人臣之道，下四篇言氓庶之事。六论盖博言君臣氓庶之所当务者也。十二纪者，古明堂行政之典。《礼记·月令》《管子·幼宫》《淮南·时则》，皆是物也。后人以《吕氏书》有之，疑为秦制，非也。古代政事，统于明堂。明堂出令，必顺时月。故举十二纪，则一国之政，靡不该矣。所属诸篇：《孟春纪》言治身之道，春为生长之始，故本之于身也。《仲春》《季春》二纪，论知人任人之术，因身以及人也。《孟夏纪》言尊师，取友，教学之法。夏主长大，人之为学，亦所广大其身也。①《仲夏》《季夏》皆论乐。乐盈而进，率神而从天，故于盛阳之时论之也。《孟秋》《仲秋》二纪皆言兵，显而易见。《季秋》所属《顺民》《知士》二篇，乃用兵之本；《审己》者，慎战之道，《精通》者，不战屈人之意也。《孟冬纪》皆论丧葬。葬者藏，冬阅藏物也。《仲冬》《季冬》二纪，论求知及知人。人能多所畜藏则知，所谓"多识前言往行，以畜其德"，抑知莫大于知人也。览始于天地开辟，而纪终之以一国之政，先理而后事也。《序意》一篇，当兼该全书，而但及十二纪者，以有缺脱也。始乎理，终乎事；条其贯，纲举目张。古书之编次，信无如此书之整齐者已。

---

① 《礼记·文王世子》："况于其身以善其君乎？"郑注："于读为迂。迂犹广也，大也。"